수능·토익·공무원시험 대비

한 눈에 익히는 비주얼 영문법

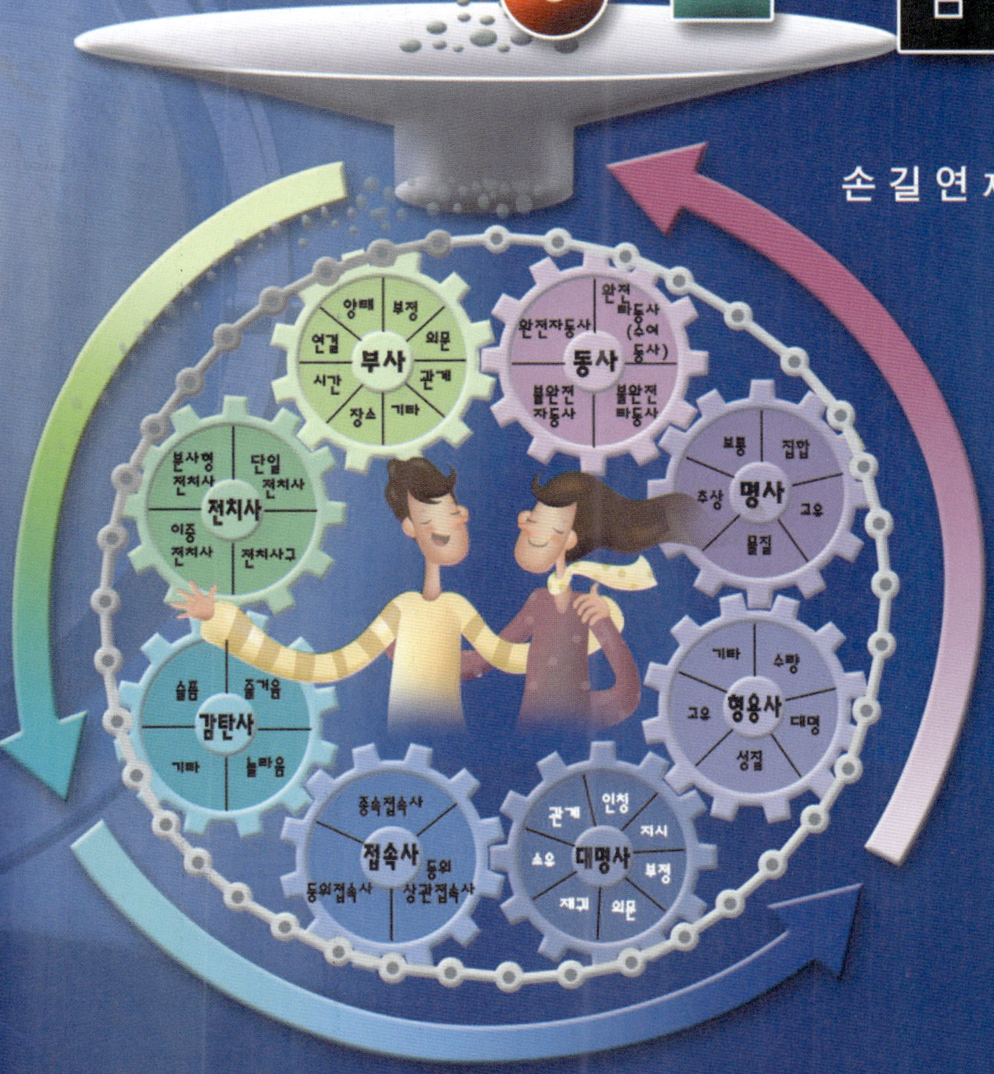

손길연 저

B/S Publishing Co.

그림·도표·비법으로 시험에 나오는 영문법을
빠르고 체계적으로 익힌다!

한눈에 익히는

비주얼 영문법

2006년 1월 15일 초판발행
2007년 2월 10일 재판발행

저 자 / 손 길 연
발행인 / 진 욱 상

발행처 / 백산출판사
등록 : 1974. 1. 9. 제1-72호
서울시 성북구 정릉3동 653-40
전화 : (02)914-1621, 917-6240
팩스 : (02)912-4438

www.baek-san.com
edit@baek-san.com

정가 6,000원

ISBN 89-7739-796-0 92740

저자 손 길 연

영문학박사
국내 여러 대학에서 TOEIC & TOEFL,
영문법, 영작문, 시사영어, 영어회화 강의(1994~현재)

이 책을 내면서

오랫동안 학생들에게 영어를 지도해 오면서 필자는 복잡하고 어려운 영문법을 접할 때마다 '어떻게 하면 그 문법의 복잡함을 학생들에게 쉽게 이해시킬 수 있을까' 하는 방법을 찾으려고 부단한 노력을 해왔다. 그 결실이 바로 전체적인 영문구조를 하나의 도표로 요약한 것이며, 또한 영문법구조와 영어 8품사와의 관계를 톱니바퀴로 표현한 것이다.

이 방식은 그 동안 우리가 익숙하게 배웠던 영어문법에 대한 설명의 틀을 깨고 그림과 도표를 최대한 활용하여 보다 근본적인 영문구조의 원리와 맥을 뚫고자 하는 것이다. 분산된 생각을 하나의 그림이나 도표로 정리하는 학습법이 뇌구조적으로 가장 효과적인 학습방법이라는 것을 독자 스스로가 이 책을 학습하면서 확실히 느끼게 될 것이다.

학습자들이 이런 목적을 달성할 수 있는 한 가지 최선의 방법으로서 영문구조와 영문형식에 대한 내용을 한 눈에 익힐 수 있는 도표를 그렸고, 아울러 부족한 부분을 보완하기 위해 다시 각 장별로 핵심문법 내용을 10가지로 요약하였고, 뿐만 아니라 그림과 도표를 이용해 어렵고 복잡한 문법을 쉽게 이해할 수 있도록 체계화시켰다.

이런 방식을 통한 학습과정 속에서 학습자는 가장 빠른 시일 안에 원하는 높은 점수를 얻을 수 있고, 원어민들이 표준어로 사용하는 좋은 문장을 자유자재로 구사할 수 있는 응용력을 갖게 될 것이라는 것을 확신한다.

아무리 공부해도 복잡하고 보이지 않던 문장구조가 이 책의 앞뒤에 붙어 있는 도표를 아침저녁으로 한 달간 꾸준히 보기만 하면 어느 순간 문장구조가 저절로 한 눈에 들어오기 시작할 것이다. 물론 세부 항목까지 완벽하게 이해하려면 적지 않은 시간과 노력이 필요할 것이다. 하지만 필자처럼 영어를 전공하는 사람을 제외하고는 대부분 학습자의 가장 큰 고민은 어떻게 하면 문법적인 사항들을 체계적으로 이해하고 있으면서, 그것들을 활용하여 일상적인 회화에 적용하고, 뿐만 아니라 시험문제에 적용하여 최단 시일 내에 고득점을 획득할 수 있느냐에 있다고 본다.

필자는 이러한 학습자의 고민을 가장 적은 지면에 최대한 반영하였으므로 이 책이 학습자의 영어실력 향상에 크게 도움되리라고 믿고 있다. 만약 이 책에 잘못된 부분이 있다면 전적으로 필자의 책임이며, 앞으로 더욱 매진하여 독자와 함께 심화연구를 하면서 본서의 내용을 수정하고 보완할 것을 다짐한다.

끝으로 이 책이 출판될 수 있도록 기꺼이 허락하여 주신 백산출판사 진욱상 사장님 이하 직원분들 그리고 저를 도와주신 모든 분들께 진심으로 감사의 말씀을 전하고 싶다.

2005년 12월

저자 손 길 연

차례

CONTENTS

Chapter 1
문장구조의 맥을 짚는 비법 10가지

1. 문장의 의미와 문장의 구성요소를 이해하는 것이 대단히 중요하다.
   → 주어와 동사를 파악하는데 꼭 필요한 문장의 구성요소에 있는 표를 확실히 이해하자.
2. 문장에 절(주어+동사)이 2개 이상이 올 경우 반드시 연결사(접속사, 관계사)가 필요하다.
   → 접속사와 관계사의 공통점과 차이점은 13장 이후에 학습하는 것이 효율적이다.
3. 절과 구의 의미와 차이점을 구별할 수 있어야 한다.
   → 명사절, 형용사절, 부사절의 의미와 그것들과 관련된 연결사를 잘 이해하고 있어야 한다.
4. 문장(주부+술부)에서, 주부(주어 역할을 하는 것)로 올 수 있는 문장의 구성요소를 알고 있어야 한다.
   문장은 '주어+동사' 형태(명령문은 예외)를 갖추고 있어야 하고, 보어, 목적어, 수식어 등은 선택적인 사항이므로 올바른 문장이 되기 위해서는 주어진 문장에 무엇이 필요한지를 파악하는 것이 중요하다.
5. 의문문, 부정문, 특히 부정적인 내용을 나타내는 여러 표현들을 알고 있어야 한다.
   → 간접의문문, 선택의문문, 의문사가 포함된 의문문, 부가의문문(1-5번 사항) 등을 익혀두자.
6. 단문, 중문, 복문을 연결시키는 각각의 접속사를 구분하여 사용해야 한다.
   → 접속사와 관련된 구체적인 사항은 13장에서 학습하는 것이 효율적이다.
7. 영어 8품사의 의미와 문장 내에서 그것들의 각각의 기능을 정확히 알아야 한다.
   → 주어, 목적어, 보어, 수식어 등으로 어떤 것들이 쓰일 수 있는지를 알고 있어야 한다.
8. 한 낱말이 맡는 역할에 따라 품사를 구별하여 사용하는 것은 대단히 중요하다.
   → 품사에 따라 다른 형태를 취하고 있는 중요한 단어들을 한 덩어리로 많이 암기하자.
9. 준동사(동명사, to부정사, 분사)는 술어동사가 될 수 없다.
   → 동명사, to부정사, 절(명사절)이 주어인 경우에는 동사가 단수가 되어야 한다.
10. there+be동사(come, go, remain, seem, appear)+주어 형태
    → there가 문두에 위치하는 경우, 실질적인 주어가 동사 다음에 온다.

문장의 의미

여러 단어가 모여져서 하나의 완전한 생각이나 의미를 나타낼 수 있는 것으로서 주어를 중심으로 하는 주부와 동사를 중심으로 하는 술부를 갖추고 있는 것을 말한다. 이때 큰 단위로서의 「글」을 문장이라고 하고, 그 속에 포함되는 작은 「글」을 절이라고 한다. 문장은 절이 하나 또는 둘 이상으로 이루어 질 수 있다.

문장을 어군에 따라 분류

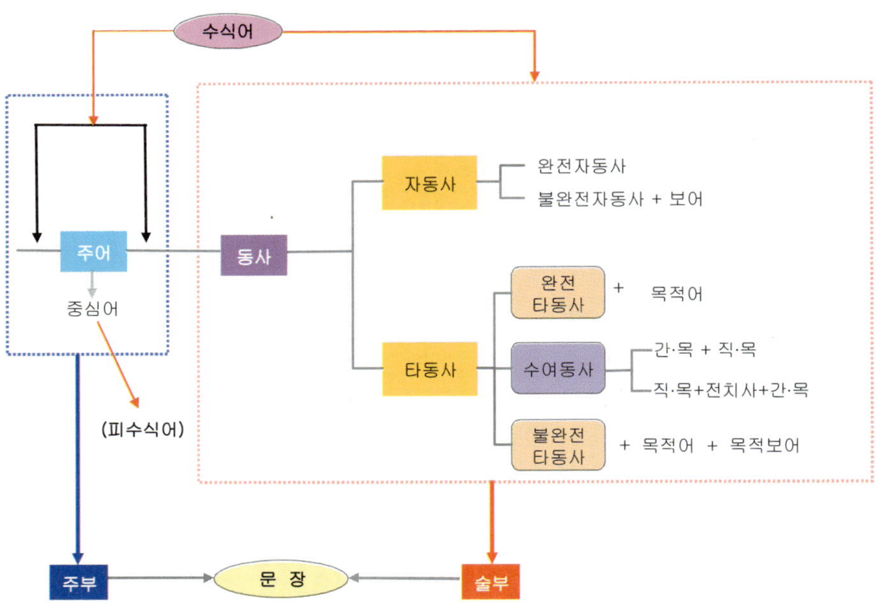

(1) 문장(절) : 주부+술부

※ **중심어** : 문장 내에서 주어, 동사, 보어, 목적어 기능으로 쓰이는 것,
수식어 : 중심어 이외의 모든 것

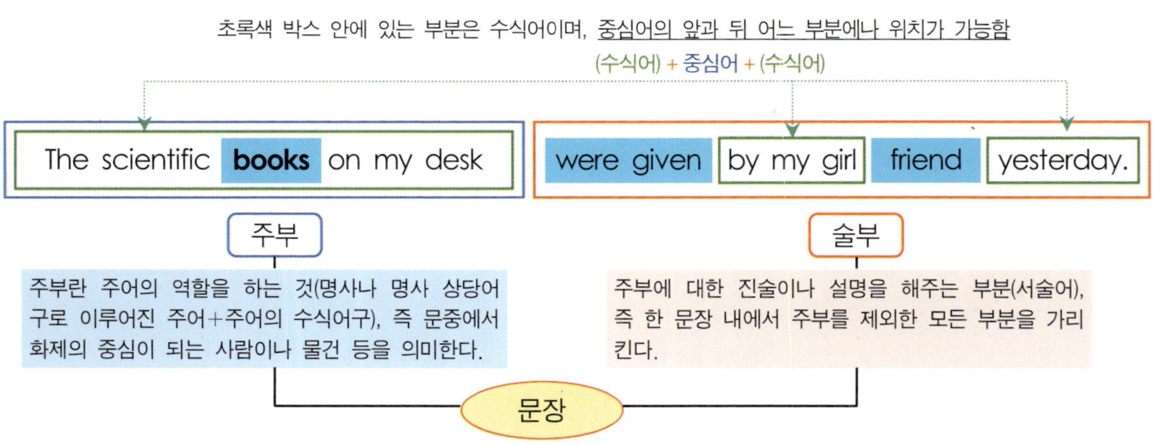

문장을 구조에 따라 분류

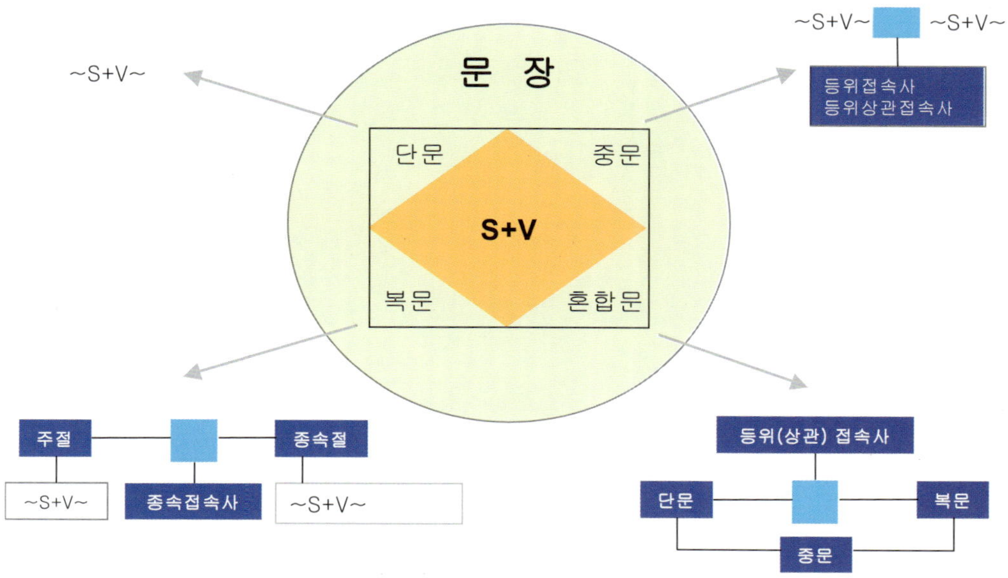

* ~ : 문장의 다른 구성 요소들이 올 수 있다는 것을 의미함.

(1) 단문이란 독립적으로 쓰이는 하나의 문(文)으로, 즉 하나의 주어와 동사로 구성되어 있는 것을 일반적으로 의미한다.

ex Man is mortal.

그러나 문장에 따라서는 반드시 그렇게 되어 있지 않는 경우가 있다. 또 여러 종류의 수식어구가 붙어서 뜻으로 보면, 중문이나 복문과 유사한 성격을 띠는 경우도 있다. 그러나 문장을 연결시키는 접속사가 없으면, 의미상 중문이거나 복문일지라도 술어동사가 하나 밖에 없기 때문에 단문으로 보아야 한다.

ex After some time, I **met** her again.
부사구 주어 동사

'After some time'이란 부사구가 있기는 하지만, 'I met her again'이 단문이라는 사실은 부인할 수가 없다. 왜냐하면 부사구는 이 문장의 술어동사 met을 수식하는 기능으로만 사용되고 있기 때문이다.

(2) 중문이란 두 개 또는 그 이상의 절이 등위접속사(and, or, but, nor)에 의해 문법적으로 동등하게 연결되어 이루어지는 문을 말한다.

ex He is lazy, but his brother is hardworking.

(3) 복문이란 중문과는 대조적으로 불완전한 문장을 이루고 있는 주절과 종속절로 이루어진 형태로서 종속접속사(when, since, because, if)에 의해 연결되는 종속절이 문장 중에서 명사, 형용사, 부사와 같은 역할을 하고 있는 문을 말한다.

주 절		종속접속사	종속절(독립절)	
주어	동사		주어	동사
He	knows	that	I	am honest.

(4) 혼합문이란 중문과 복문의 형태가 한 문장 내에 혼합되어 있는 문을 혼합문이라 한다.

ex **I began to write a letter**, *but* I could not finish it because I was interrupted.

단문 → 중문 ← 복문

* but : 중문을 연결시켜 주는 등위접속사

문장의 구성요소

주어+동사(다른 요소들은 선택적인 사항)

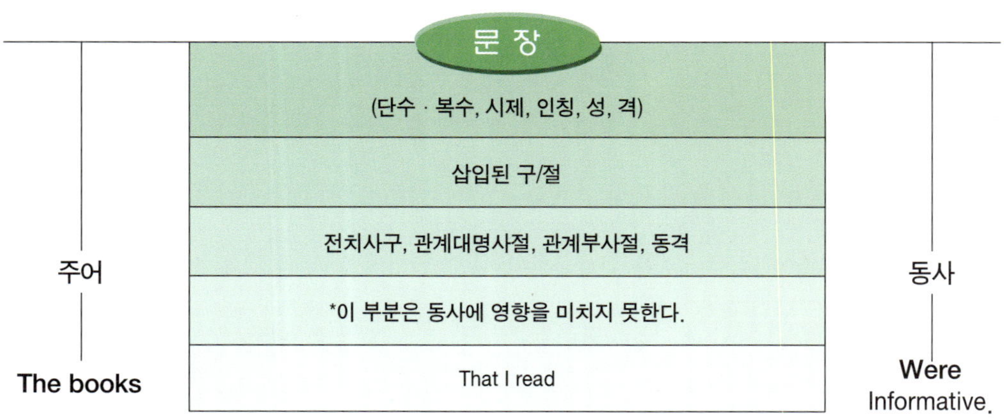

Chapter 2

동사의 맥을 짚는 비법 10가지

1. 동사가 자동사인지 타동사인지를 구별하여 사용해야 한다.
   →자동사는 목적어를 취하지 않으나, 타동사는 목적어가 반드시 필요하다.

2. 타동사로 착각하기 쉬운 자동사를 많이 암기해야 한다.
   →자동사+전치사(타동사 역할) 형태의 단어를 한 덩어리로 많이 암기하자.

3. 주어+타동사+목적어(타동사인데 전치사와 함께 목적어를 수반하는 오류 문제)
   →자동사로 착각하기 쉬운 타동사를 목적어와 함께 한 덩어리로 많이 암기하자.

4. 타동사들 중 공급동사(supply, provide)를 그것과 관련된 전치사와 함께 한 덩어리로 암기하자.

5. 주어+불완전자동사+보어(형용사) →이 자리에 부사는 올 수가 없다.
   →feel, seem, taste, smell, sound, look, appear, prove, become, turn, be동사

6. 목적어를 2개 필요로 하는 수여동사(S+V+간접목적어+직접목적어)
   →직접목적어를 간접목적어보다 먼저 쓰는 경우 전치사가 수반되는데, 동사에 따라 다른 전치사(to, for, of)를 써야 한다.

7. 문장의 5형식 문형 : 주어+불완전타동사+목적어+목적격보어
   →목적격 보어로 올 수 있는 것들, 그리고 목적격보어로 분사가 오는 경우, 목적어와 목적보어의 관계가 능동적인 관계이면 현재분사를, 수동적인 관계이면 과거분사를 써야 한다.

8. 목적어의 형식 : 주어+동사+목적어(동사에 따라 to부정사/동명사 선택)
   →to부정사를 목적어로 취하는 동사와 동명사를 목적어로 취하는 동사를 많이 암기하자.

9. 사역동사(let, make)와 준사역동사(get, permit, allow)의 용법을 정확히 알아야 한다.

10. 의미 혹은 구문상 혼동하기 쉬운 동사의 용법을 정확히 알아야 한다.

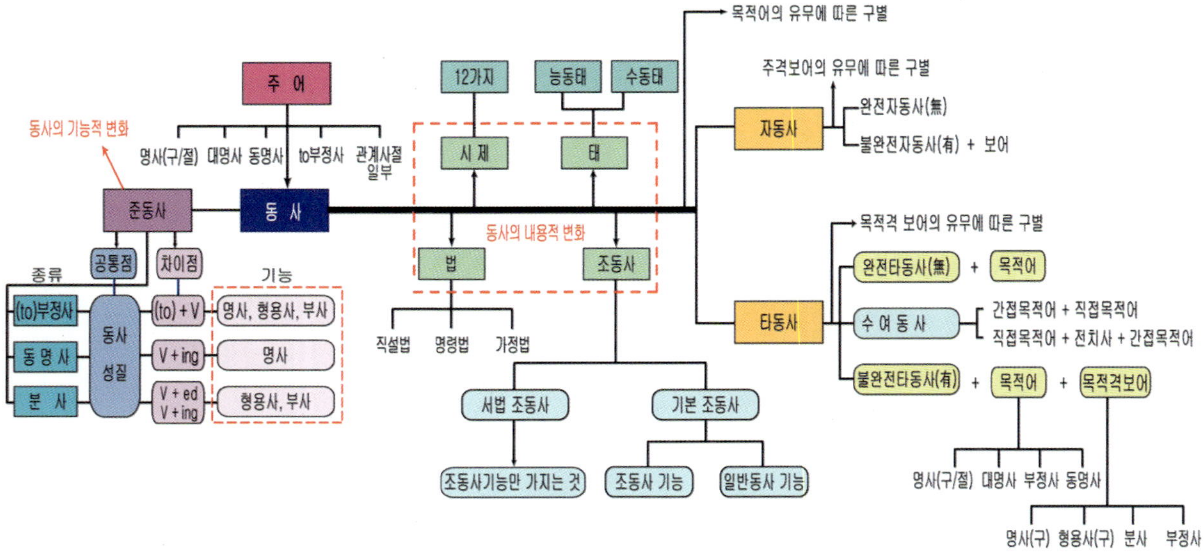

* 자동사와 타동사 : 자동사란 목적어의 도움없이, 즉 자신의 힘만으로 동사의 일을 완벽하게 수행할 수 있는 동사를 의미하고, 타동사란 타인의 도움, 즉 목적어의 도움을 받아야만 동사의 일을 성실하게 수행할 수 있는 동사를 가리킨다.

* 수여(授與)동사 : 타동사 중에서 목적어를 두 개 가지는 것, 즉 간접목적어와 직접목적어를 한 문장 속에 동시에 갖는 동사를 말한다.

* 준동사 개념 : ⇒Chapter 10 참조.

동사란?

문장론적 관점에서 볼 때, 문장을 구성하고 있는 요소들 중 가장 중요하면서도 어려운 것이 동사라고 할 수 있다. 왜냐하면 그 문장에서 기술해야 할 본동사의 종류에 따라 그 문장의 구성을 다르게 써야 하고, 시제, 부정문, 의문문을 결정하고, 특히 국어와는 달리 영어에서는 태나 완료시제에 있어서 사용되는 동사의 형태, 즉 동사원형, 과거, 과거분사형이 불규칙적으로 변화하는 경우가 종종 있기 때문이다.

동사는 본래 존재나 행위, 또는 경험을 표현하는 하나의 단어나 구를 의미하는데, 영어에서는 일반적으로 동사를 자동사와 타동사로 구분하고 있으므로 문장에 쓰인 동사가 어떤 종류의 동사인가를 먼저 살펴보는 것이 필요하다. 그 이유는 건물의 형태가 설계도에 의해 결정되듯이 영어문장에서도 동사가 목적어와 보어를 필요로 하는 동사인지를, to부정사와 동명사 중 어느 것을 목적어로 취하는지를, 그리고 현재분사와 과거분사 중에서 어떤 것을 취할 것인지 그 선택 여부를 결정짓는 것은 중요하면서도 까다로운 문제이기 때문이다.

가령 국어 '뛰다'의 경우 뛸래?, 뛰지 않을래?, 뛰었다, 뛰고 있다, 뛸 것이다, 뛰어 왔다 등 어미가 여러 가지로 변화하는 것처럼 영어에서도 동사는 여러 가지 모습으로 변화(동사 앞에 전치사 to를 붙이면 명사, 형용사, 부사로 쓰일 수 있고, 동사에 -ing을 붙이면 명사, 형용사, 부사로 쓰일 수 있고, 동사에 -ed를 붙여 분사로 쓰이면 형용사, 부사로 쓰일 수 있고)한다. 또한 동사가 똑같은 형태로 명사나 형용사로도 사용될 수 있기 때문에 평상시 단어를 사전에서 찾을 때, 습관적으로 단어의 어법과 더불어 좋은 예문을 통째로 함께 암기하는 것이 영어실력을 향상시키는 데 큰 도움이 된다.

목적어의 형식

주어 + 완전타동사 + 목적어(명사, 대명사, (to)부정사, 동명사, 관계사절 일부)

목적어로 여러 형태가 올 수 있는데 일부 타동사는 (to)부정사와 동명사 중, 어느 한 가지만을 엄격하게 목적어로 취할 수 있기 때문에 시험에 자주 출제되고 있다.

(1) to부정사를 목적어로 취하는 동사(미래지향적 동사)

afford, manage, seek, desire, plan, offer, agree, consent, endeavor, choose, pretend, decide, determine, care, refuse, hope, wish, etc.

STORY 한 번만 읽으면 저절로 기억되는 연상 스토리

당신이 결혼할 여유(afford)가 가까스로 생겨(manage) 배우자를 찾고자(seek) 하는 소망(desire)이나 계획(plan)이 있다면, 내가 제안하는(offer) 것을 받아들이려는(agree, consent) 노력이 있어야만(endeavor) 실패(fail)하지 않을 것이다.

그러므로 나는 당신이 배우자를 선택(choose)하는데 있어 착한 척하는(pretend) 사람에게 속아 섣불리 결정하기(decide, determine) 전에 세심한 주의(care)를 기울여 그 사람을 배우자로 받아들일 것인지 아니면 거절할(refuse) 것인지를 신중하게 결정하기를 바란다(hope, wish, expect).

ex Everybody wishes **to succeed** in life.
누구나 인생에서 성공하기를 바란다.

(2) 동명사(V+~ing형)를 목적어로 취하는 동사(과거로부터 현재까지 진행된 과정을 나타내는 동사)

동명사를 목적어로 취하는 동사/동사구			
동 사	consider, imagine, enjoy, mind, suggest, deny, practice, risk, resist, escape, miss, admit, abandon, excuse, avoid, evade, postpone, fancy, stop, finish, discontinue, etc.	+	~ing형 목적어
동사구	give up, put off, be used to, approve of, be better off, keep on, can't help, count on, forget about, get through, insist on, look forward to, object to, think about, think of, with a view to, etc.		

STORY 한 번만 읽으면 저절로 기억되는 연상 스토리

나는 당신이 성적 충동으로 멋지다고 생각되는(consider, imagine) 사람과 즐기고(enjoy) 싶은 마음(mind)에서 상대에게 키스를 제안했으나(suggest) 거절당했음(deny)에도 불구하고 그런 행위를 강제로 실행에 옮기(practice)는 것은 위험하다(risk).

그 상대가 키스가 하기 싫어 저항하거나(resist) 도망쳐서(escape) 놓치게(miss) 된다면 창피함을 받아들이고(admit) 그런 행동을 포기(abandon)하고, 어떤 변명도(excuse) 피해야 하며(avoid, evade) 그런 행위를 다시 연장하려는(postpone) 공상은(fancy) 갖지 말아야(중단)(stop, finish, discontinue) 한다.

ex They are considering not **going** to church.
I enjoyed **talking** with you last night.
I stopped **smoking**.(* smoking은 stop의 목적어)
→과거의 어느 시점부터 현재까지 피어오던 담배를 끊었다(금연)는 의미.

cf. I stopped to smoke.
(to smoke는 stopped의 목적어가 아니라 부사구로 쓰인 것이다.)
→담배를 피우기 위해 무언가 하던 일을 멈추었다는 의미.

get(목적어의 유형에 따라 get과 have의 비교설명)

종류		목적어		동사형태	의 미
get	+	사람	+	to부정사	~하게 하다, 권하여 ~하게 하다 ~하도록 설득하다(persuade)
		사물		동사의 과거분사	다른 사람에게 자기의 어떤 일을 해달라고 요청하는 상황을 나타내는 경우
have	+	사람	+	동사원형	목적어와 동사의 관계가 능동적일 경우
				동사의 현재분사	~상태에 두다, ~하게 되다, ~이 이루어지게 하다
		사물	+	동사의 과거분사	목적어와 동사의 관계가 수동적일 경우 ① ~되다, ~을 당하다(신체의 일부가 피해를 받는 경우) ② ~을 시키다, ~하여 받다(사역과 같은 성질로 수동적일 때)

준사역동사 그룹

의 미	종 류	형 식
명령	tell, command, order, urge	목적어 + to부정사
충고, 설득	advise, persuade	
요청	ask, beg, require	
희망, 기대	want, expect	
초청	invite	
경고	warn	
가능	enable	
촉진(장려)	encourage	
허락	permit, allow, forbid	

Chapter 3
시제의 맥을 짚는 비법 10가지

1. 시제(tense)는 동사의 어형변화에 따라 그것이 나타내는 행위상태의 시간 관계를 의미하고, 시(time)는 실제 생활에 있어서의 시간이라는 개념을 이해해야만 시제 문제를 잘 풀 수가 있다.
(hope, intend, plan 등은 문맥상 미래의미를 나타내므로 미래형 조동사와 쓰이지 않음)
2. 영어의 12가지 시제의 형식과 용법을 철저히 알아야 한다.
→시간을 나타내는 표현과 시제가 일치해야 한다.
3. 동사의 어형변화 5가지(원형, -s형, 동사의 과거형, 현재분사형, 과거분사형)의 용법을 정확히 익혀두면 동사자리를 쉽게 찾을 수 있다.
→동사자리 찾기 : 조동사+V, be동사+분사(현재분사/과거분사), have/has/had+p.p.
4. 현재형(왕래발착 동사)이 미래의 대용으로 쓰인 경우, 부사절에서 현재가 미래를 대용하는 경우, 주어가 3인칭 단수일 때 V+(e)s 형태를 써야하는 경우 등을 알고 있어야 한다.
5. 과거시제는 이미 끝난 과거의 동작, 상태, 과거의 사실, 행위 등을 언급하는데 쓴다.
→과거시제는 ago, last, yesterday, those days 등과 찰떡궁합(불규칙 동사 암기)
6. 현재완료시제와 과거시제의 차이점(특히, 시간을 나타내는 부사와 결합할 때)을 정확히 알아두자.
7. 현재완료는 출제 빈도수가 높으므로 형식(have/has+p.p.)과 용법을 철저히 알아야 한다.
→현재완료는 과거의 사실이나 일이 현재까지 영향을 끼치거나 과거에 시작된 일이 현재까지 계속되거나 방금 완료된 일에 사용된다(불규칙 동사의 과거분사형을 많이 암기).
8. 과거완료의 형식(had+p.p.)과 용법을 알아야 한다.
9. 미래완료의 형식(조동사+have+p.p.)과 용법을 알아야 한다.
10. 진행형의 형식과 용법 그리고 진행형을 쓰지 않는 동사를 알아야 한다.
→현재진행형시제의 수동태 형태 : be+being+p.p.(be다음에 being이 올 수 있음)

시제

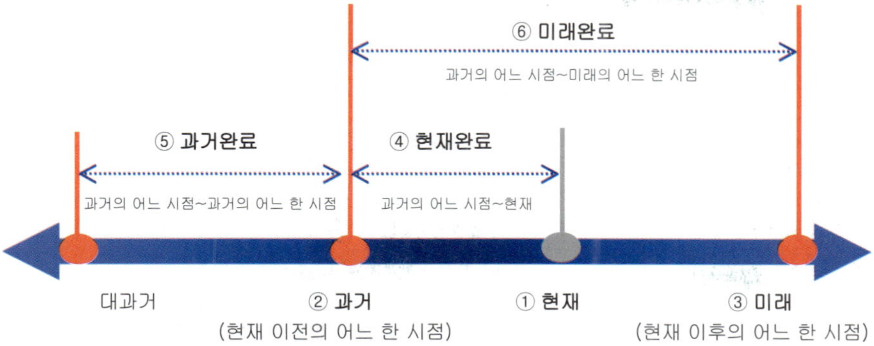

* 모양(<·······>): 시간 영역의 자유로운 변동폭을 표시

동사의 어형변화

종 류	용 법	용 례
① 원형	현재시제	I usually go to church on Sunday. 나는 일요일에 대개 교회에 간다.
	명령문	Hurry up, or you will be late for class. 서둘러라, 그렇지 않으면 너는 늦을 것이다.
	가정법 현재	If he be honest, I will employ him. →If he is honest, I will employ him.(직설법) 그가 정직하다면, 나는 그를 고용할 것이다.
	원형부정사	I have to do my homework tonight. 나는 오늘 밤에 나의 숙제를 해야만 한다.
② -s형	3인칭 단수가 현재시제에서 주어로 쓰인 경우	She generally gets up late on weekends. 그녀는 주말에 일반적으로 늦게 일어난다.
③ 동사의 과거형 (V+~ed)	과거시제	I finished my report yesterday. 나는 보고서를 어제 끝마쳤다.
④ 현재분사형 (V+~ing)	진행형 (능동 의미)	He is watching TV. 그는 TV를 시청하고 있다. He was watching TV when I visited him. 내가 그를 방문했을 때, 그는 TV를 시청하고 있었다.
	분사구문	Sitting at the back, I can't see her face exactly. 뒤쪽에 앉아 있어서 나는 그녀의 얼굴을 정확히 볼 수가 없었다.
⑤ 과거분사형 (V+~ed)	완료시제	She has lived in Seoul since 1984. 그녀는 1984년 이래로 서울에서 살아 왔다. I shall have fallen asleep by the time my mother comes home. 나는 어머니가 집에 오실 때까지 잠을 잘 것이다.
	수동태	This house was built by my grandfather. 이 집은 나의 할아버지가 지으셨다.
	분사구문 (being, having been 생략)	(Being) Tired, I went to bed early last night. 피곤했기 때문에 나는 지난밤에 일찍 잠자리에 들었다.

현재완료시제와 과거시제의 차이점

* 국어에서는 현재완료시제와 과거시제를 엄격히 구분하여 사용되고 있지는 않지만, 영어에서는 두 시제를 구분하는 문제가 자주 출제되고 있고, 많은 학생들이 과거시제와 현재완료시제를 구분하여 사용하는데 어려움을 겪고 있으므로 차이점들을 표와 예문을 통해 설명하고자 한다.

(1) 시제상의 차이점

과거시제가 무슨 일이 「언제 생겼느냐」에 초점을 두고 이야기하고 있는 반면에, 현재완료시제는 '과거의 동작+현재의 의미'로 「그것이 지금 어떻게 되었느냐」에 초점을 두고 이야기하는 것이다.

a. I <u>lost</u> my English dictionary.(과거시제)

b. I <u>have lost</u> my English dictionary.(현재완료 시제)

예문 a에서는 그 때 영어사전을 잃어버렸다는 사실만을 이야기하고 있을 뿐, 지금은 그 사전을 찾았는지 혹은 다른 사전을 갖고 있는지에 대한 사실은 표현되지 않고 있다. 하지만 현재완료시제를 사용한 예문 b에서는 영어사전을 잃어버려서 지금은 그것을 갖고 있지 않다는 의미가 내포되어 있다.

(2) 현재완료시제와 과거시제가 시간을 나타내는 부사와의 결합에 있어 차이점

<table>
<tr><th colspan="2">시 제</th><th colspan="6" rowspan="2">시제구분 표시</th></tr>
<tr><th>종 류</th><th>형 태</th></tr>
<tr><td rowspan="3">현재완료시제</td><td rowspan="3">has/have
+
과거분사</td><td rowspan="3">+</td><td rowspan="3">막연한 시간을 나타내는 과거표시 부사</td><td colspan="3">since+과거시점(year, month, week, day, hour, etc.)</td></tr>
<tr><td colspan="3">since+주어+동사의 과거형</td></tr>
<tr><td colspan="3">기간의 부사구(숫자+hours/weeks/months/years), now, just, recently, lately, already, this year (month, week), etc.</td></tr>
<tr><td rowspan="3">과거시제</td><td rowspan="3">동사의 과거형</td><td rowspan="3">+</td><td rowspan="3">명백한 과거를 표시하는 부사</td><td>last</td><td>+</td><td>시간표시 단어 :
night/hour/day/week/year/month/quarter/semester</td></tr>
<tr><td>시간표시 어구 :
a few days(hours/weeks/months/years)
an hour, a/week/month/year
many years/days/months/weeks</td><td>+</td><td>ago</td></tr>
<tr><td colspan="3">과거의 시간 부사구 : just now, (in) those days, long ago, yesterday, then, etc.</td></tr>
</table>

Chapter 4
명사의 맥을 짚는 비법 10가지

1. 명사의 의미와 기능을 알아야 한다.
   → 명사는 문장에서 주어, 목적어(타동사나 전치사), 보어로 쓰일 수 있다.
2. 명사는 가산명사와 불가산명사로 나뉘어 지고, 명사의 종류에 따라 다른 수량형용사를 사용해야 한다.
3. 집합명사는 5가지로 세부적으로 분류(family형, police형, cattle형, 부분 표시형, 집합체형)할 수 있는데, 단수/복수, 관사와 접속 여부에 관한 사항들을 정확히 알고 있어야 한다.
4. 가산명사는 복수형을 쓰거나 한정사(관사, 소유격, 지시사)와 함께 사용해야 한다.
5. 불가산명사는 항상 단수취급되며 부정관사를 붙이지 못하고, 복수형도 쓰지 못한다.
   → 불가산명사가 보통명사화 되는 경우 관사를 붙일 수 있다.
6. 명사의 수(단수/복수), 성(남성·중성·여성), 격을 확인해야 한다.
   → 불규칙 명사의 복수형을 많이 암기(주어와 동사의 일치문제나 대명사 문제로 출제됨)
7. 형태는 복수형으로 보이지만, 단수취급을 해야 하는 명사를 알아야 한다.
   → 학과명이나 시간, 거리, 가격, 중량 등을 하나의 단위로 취급하는 경우
8. 물질·추상명사의 수량표시를 명사와 함께 한 덩어리로 암기하자.
9. 소유격의 의미와 만드는 방법을 익혀 두어야 한다.
   → 각자소유(각각의 명사에 소유격을 표시)와 공동소유(뒤에 나오는 명사에만 소유격을 표시)에 대한 소유격 사용법을 명확히 알아야 한다.
10. 한정사+형용사+____ 형태에서 빈칸은 명사(명사 상당어구)자리이다.

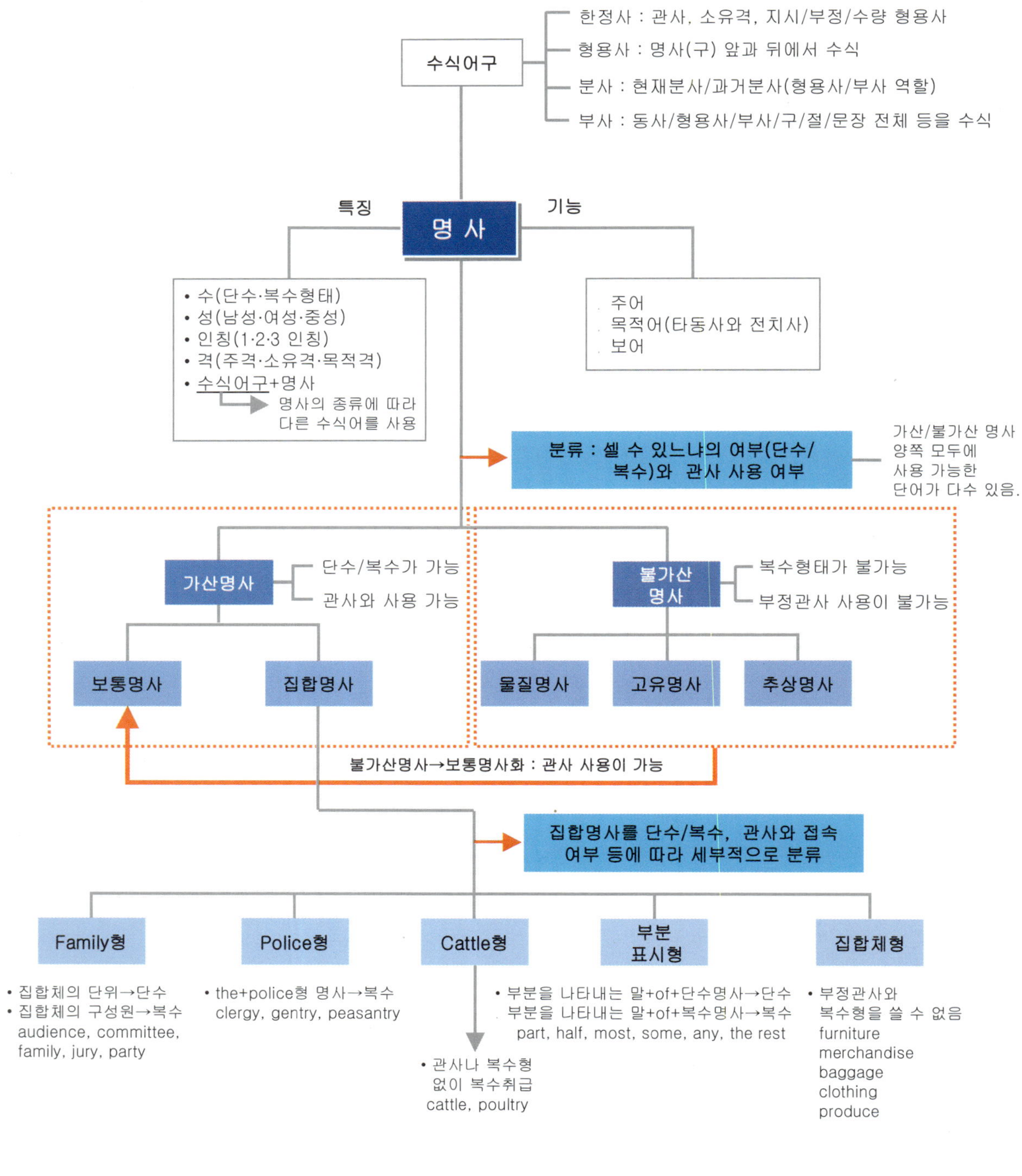
수식어구
한정사 : 관사, 소유격, 지시/부정/수량 형용사
형용사 : 명사(구) 앞과 뒤에서 수식
분사 : 현재분사/과거분사(형용사/부사 역할)
부사 : 동사/형용사/부사/구/절/문장 전체 등을 수식
특징
명 사
기능
• 수(단수·복수형태)
• 성(남성·여성·중성)
• 인칭(1·2·3 인칭)
• 격(주격·소유격·목적격)
• 수식어구+명사
명사의 종류에 따라 다른 수식어를 사용
주어
목적어(타동사와 전치사)
보어
분류 : 셀 수 있느냐의 여부(단수/복수)와 관사 사용 여부
가산/불가산 명사 양쪽 모두에 사용 가능한 단어가 다수 있음.
가산명사
단수/복수가 가능
관사와 사용 가능
불가산 명사
복수형태가 불가능
부정관사 사용이 불가능
보통명사
집합명사
물질명사
고유명사
추상명사
불가산명사→보통명사화 : 관사 사용이 가능
집합명사를 단수/복수, 관사와 접속 여부 등에 따라 세부적으로 분류
Family형
Police형
Cattle형
부분 표시형
집합체형
• 집합체의 단위→단수
• 집합체의 구성원→복수
audience, committee, family, jury, party
• the+police형 명사→복수
clergy, gentry, peasantry
• 관사나 복수형 없이 복수취급
cattle, poultry
• 부분을 나타내는 말+of+단수명사→단수
부분을 나타내는 말+of+복수명사→복수
part, half, most, some, any, the rest
• 부정관사와 복수형을 쓸 수 없음
furniture
merchandise
baggage
clothing
produce

명사란?

명사란 사람, 사물, 장소의 명칭을 표시하는 말이다. 명사는 영어에서 다양한 문법적 기능을 수행하여 주어, 목적어, 보어 중 어느 것으로나 쓰일 수 있다. 이러한 개념을 지니고 있기 때문에 명사는 국어와는 달리 수에 의한 어형변화(복수형을 만드는 방법), 성, 격, 관사, 가산명사와 불가산명사의 구별, 명사에 따라 다르게 붙는 수식어(구) 등과 관련된 여러 가지 사항들이 신중하게 고려되어야 한다.

명사가 정말 어렵다고요?

한국인에게 명사가 유독 어렵게 느껴지는 이유는 무엇일까? 그 이유는 국어와 달리 영어가 단수/복수의 구별이 엄격하고, 복수형이 다양하며, 관사와의 결합여부 등이 복잡하기 때문이다. 예를 들어 국어로 '사과 세 개 주세요'라는 표현을 영어로 표현할 경우, 'Let me have three **apples**'라고 한다. 분명히 국어에서는 '사과'라는 단수로 쓰지만, 영어에서는 'apple'이 아니라 '**apples**'라는 표현을 쓰고 있다. 영어에서 apple은 셀 수 있는 명사에 속하기 때문에 보통 이렇게 표현하는데, 국어에서는 대부분 이런 상황에서 '사과'라고 표현하지 '사과들'이라고는 표현하지 않는다는 것이다. 이처럼 영어에서는 수의 일치를 엄격히 요구하고 있지만, 국어에서는 단수/복수의 구별을 엄격히 요구하지 않으며, 구별하기도 쉽다(단수+복수어미 '~들').

그런데 한층 더 어려운 것은 가산명사(셀 수 있는 명사)와 불가산명사(셀 수 없는 명사)를 구분하는데 있어, 같은 명사일지라도 상황에 따라 바뀐다는 사실이다. 가령 '사과'는 가산명사인데, '사과즙'은 불가산명사에 속한다.

> I bought three **apples** to give (to) you yesterday.(셀 수 있는 명사)
> 나는 어제 너에게 주려고 사과 3개를 샀다.
>
> You should add a little more **apple** to this dish.(셀 수 없는 명사)
> 너는 이 음식에다 사과즙을 좀 더 넣어야 한다.
>
> (* 이 문장에서 apple에 관사가 붙어있지 않고, 단수형으로 쓰인 것으로 보아 사과를 갈아 으깬 상태, 즉 사과즙을 말한다는 것을 알 수 있다.)

이처럼 똑같은 명사라도 상황에 따라 가산명사도 될 수 있고, 불가산명사도 될 수 있으므로 어느 특정한 명사는 가산명사이고, 어느 특정한 명사는 불가산명사라고 외우는 것은 큰 혼동을 야기시킬 수가 있다. 그러므로 무엇보다도 기본 개념을 이해하는 것, 즉 '가산명사'란 볼 수 있고, 만질 수도 있어 셀 수 있는 명사를 의미한다는 기본적인 사실, 명사의 특이한 복수형, 관사와의 관계 등과 관련시켜 함께 공부하는 것이 대단히 중요하다.

Chapter 5
관사의 맥을 짚는 비법 10가지

1. 관사의 의미와 한정사에 대한 개념을 이해하자.
2. 관사는 일반적으로 셀 수 있는 명사와 결합하며, 부정관사는 불가산명사나 복수형 명사와는 함께 사용하지 않는다.
3. 관사는 정관사(특정한 것을 지칭)와 부정관사(막연한 것을 지칭)로 구분 되고, 수식어구에 의해 한정될 때 명사 앞에 정관사가 붙는다.
4. 부정관사 a와 an의 구별 : 철자가 아닌 발음에 의해 자음소리로 시작하는 명사 앞에는 a를, 모음소리로 시작하는 명사 앞에는 an을 쓴다(a unit, an hour).
5. 정관사를 써야하는 중요한 예를 많이 익혀두자.
   →시간, 위치, 수량, 수단 등이 하나의 단위를 나타내거나 수량의 단위를 표시하는 경우
   →형용사의 최상급이나 서수사 앞, 비교급 앞(the+비교급, the+비교급)
   →다른 두 사람이거나 다른 두 물건을 의미하는 경우(관사+명사+and+관사+명사)
   → 2개의 형용사가 각각의 명사를 수식하는 경우
6. 수량사+of 다음의 명사 앞에 한정사(정관사)를 써야한다.
   →one of/two of/all of/most of/many of/some of+한정사+명사
7. so, such, 전치한정사(double, twice, all, both, half) 등과 관련된 관사의 위치를 확실하게 알고 있어야 한다.
8. 관사를 쓰지 않는 중요한 경우의 예
   →동일인이 2개의 직업을 겸한 경우, and 다음의 명사 앞(관사+명사+and+명사)
   →인칭, 지명, 호격, 요일, 달, 식사, 운동, 계절, 교통수단 등의 앞
9. 관사 다음에는 반드시 명사, 특히 한정사+____ of일 경우 빈칸은 명사자리이다.
10. 관사의 관용적인 표현을 가능한 한 많이 익혀두자.

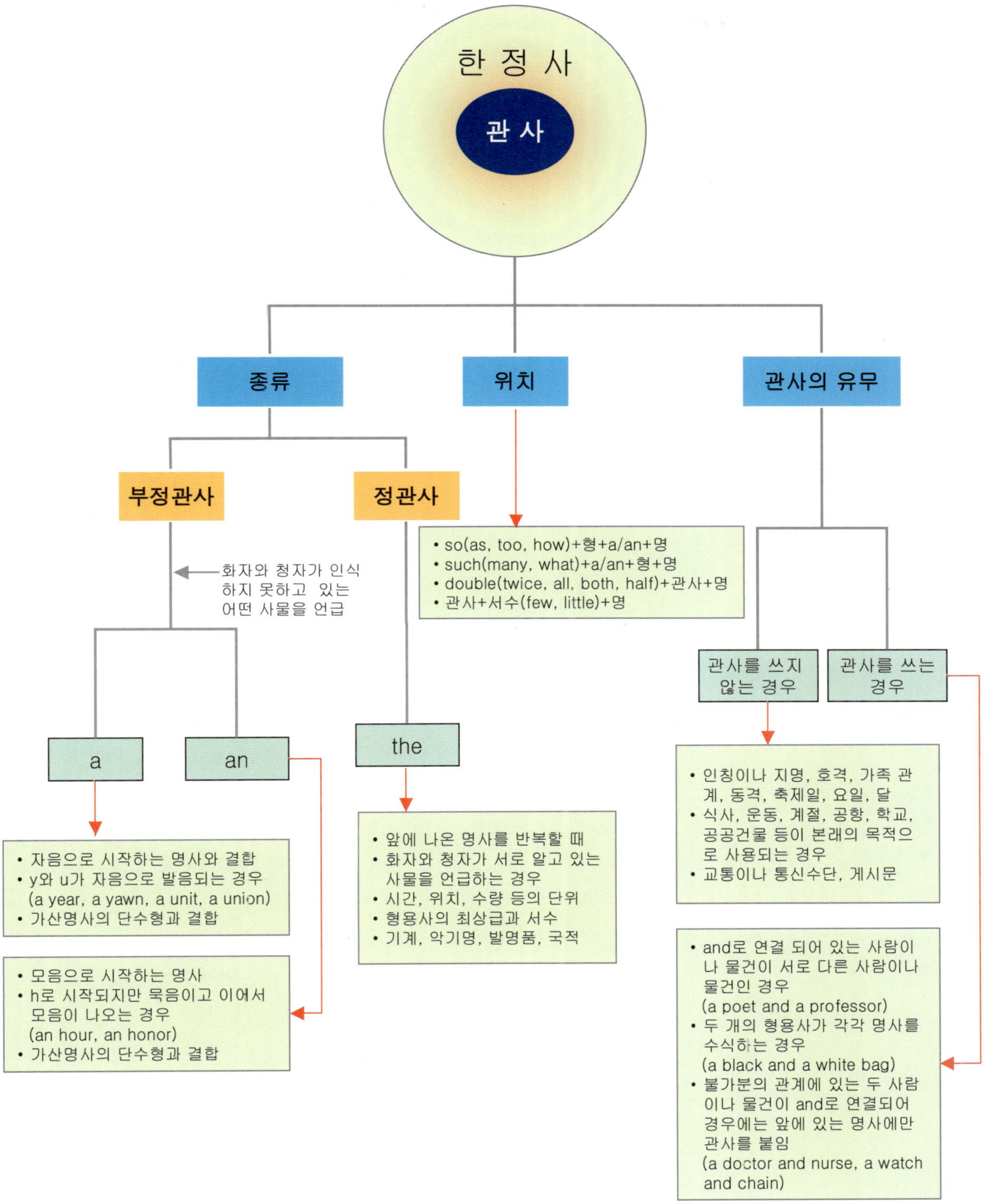
한 정 사
관 사
종류
위치
관사의 유무
부정관사
정관사
화자와 청자가 인식 하지 못하고 있는 어떤 사물을 언급
• so(as, too, how)+형+a/an+명
• such(many, what)+a/an+형+명
• double(twice, all, both, half)+관사+명
• 관사+서수(few, little)+명
a
an
the
• 자음으로 시작하는 명사와 결합
• y와 u가 자음으로 발음되는 경우 (a year, a yawn, a unit, a union)
• 가산명사의 단수형과 결합
• 모음으로 시작하는 명사
• h로 시작되지만 묵음이고 이어서 모음이 나오는 경우 (an hour, an honor)
• 가산명사의 단수형과 결합
• 앞에 나온 명사를 반복할 때
• 화자와 청자가 서로 알고 있는 사물을 언급하는 경우
• 시간, 위치, 수량 등의 단위
• 형용사의 최상급과 서수
• 기계, 악기명, 발명품, 국적
관사를 쓰지 않는 경우
관사를 쓰는 경우
• 인칭이나 지명, 호격, 가족 관계, 동격, 축제일, 요일, 달
• 식사, 운동, 계절, 공항, 학교, 공공건물 등이 본래의 목적으로 사용되는 경우
• 교통이나 통신수단, 게시문
• and로 연결 되어 있는 사람이나 물건이 서로 다른 사람이나 물건인 경우 (a poet and a professor)
• 두 개의 형용사가 각각 명사를 수식하는 경우 (a black and a white bag)
• 불가분의 관계에 있는 두 사람이나 물건이 and로 연결되어 경우에는 앞에 있는 명사에만 관사를 붙임 (a doctor and nurse, a watch and chain)

Chapter 6
대명사의 맥을 짚는 비법 10가지

1. 대명사의 의미와 기능을 이해하고 있어야 한다.

2. 인칭대명사의 변화와 문장 내의 위치를 알고 있어야 한다.
→ 인칭대명사가 보기로 나오거나 그것에 밑줄이 그어져 있으면 명사(구)의 수, 성, 격을 확인해야 하고, 문장 내의 위치가 맞는지를 확인해야 한다.

3. 인칭대명사 it이 가주어, 가목적어, 강조용법(it ~that)으로 쓰이는 경우
→ it 대신에 that, one, they 등으로 자리 채운 오류 찾기 문제로 출제 된다.

4. 지시대명사 this와 that의 용법을 확실히 알아야 한다.
→ 선행사로서 those는 사람과 사물에 쓰일 수 있지만, that은 사물에만 쓰인다.
→ that of+명사(단수명사 대신 사용), those of+명사(복수명사 대신 사용)
→ this와 that이 전자와 후자의 뜻으로 쓰이는 경우

5. such~as(such as), the same(the same~as), so 등의 용법을 정확히 알아야 한다.
→ so가 목적어나 보어의 대용, so와 관련된 여러 표현들을 많이 익혀두자.

6. one, other, another, some 등의 용법과 관련된 관용적인 표현을 알아야 한다.
→ one : 일반적으로 사람을 나타내는 one(지시대명사로 받는 경우 one이나 he로 받음)
→ another+단수명사, other+복수명사, the other+단수/복수명사
→ one ~another, some ~others, some ~the others 등의 용법을 알아야함

7. some과 any 그리고 each, every, all의 공통점과 차이점을 알아야 한다.
→ each와 every는 둘 다 형용사로 쓰일 수 있고, 단수로 취급되어 대명사 it이나 he로 받음.
→ all+단수명사 → 단수취급, all+복수명사 → 복수 취급

8. either, neither, both의 용법 : both가 '둘'을 뜻한다면, either는 '둘 중에 어느 하나'를, neither는 '둘 중에 어느 하나도 아닌 것'을 뜻한다(both ~and, either ~or, neither ~nor).

9. 재귀대명사의 재귀적 용법과 강조용법 구분, 전치사+재귀대명사 표현을 많이 암기하자.
→ 주어와 목적어가 동일인일 경우, 목적어는 재귀대명사를 써야 한다.

10. 소유대명사(=소유격+명사)는 명사와 함께 쓰일 수 없다(hers, theirs, others).

- 의미 : 사람과 사물을 정확하게 지시하는 대명사
- 종류 : this, these, that, those, such, so
  - -that of + 명사 : 앞에 나온 명사가 단수명사
  - -those of + 명사 : 앞에 나온 명사가 복수명사
  - -관계대명사의 선행사로서 that(사물), those(사람과 사물)
  - -that(전자 : the former), this(후자 : the latter)

- 의미 : 접속사로 이어지는 둘 이상의 문장에 중복되는 명사(구)나 대명사를 대신해서 대명사 역할과 접속사 역할을 겸하는 것을 말한다.
- 종류 : who, that, which, what, as, but, than
- 용법 : 제한적 용법, 계속적 용법

- 의미 : 막연한 사람이나 사물을 지시하는 대명사
- 종류 : one, other, another, some, any, none, each, either, neither, both

- who(whose, whom),what, which 등이 의문문에서 주어나 목적어를 대신하는 것을 말한다.

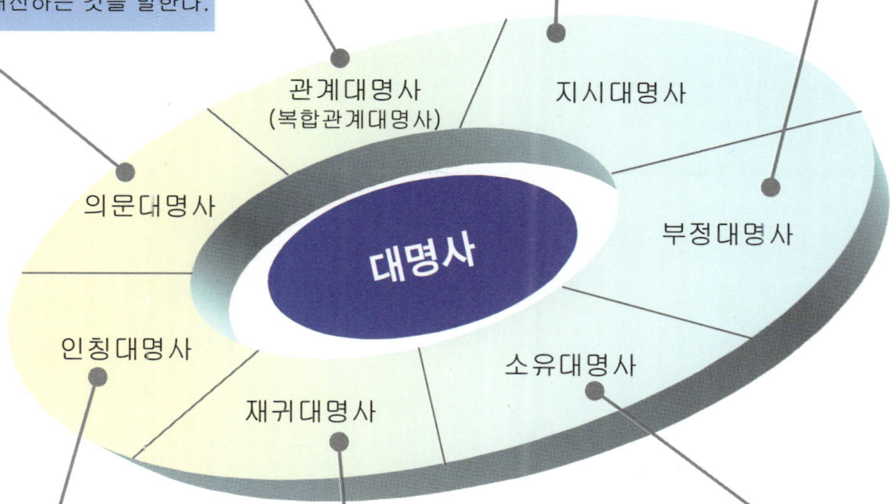

- 인칭 : 1인칭, 2인칭, 3인칭
- 성 : 남성, 여성, 중성
- 수 : 단수/복수의 구별
- 격 : 주격(주어), 소유격(명사의 소유), 목적격(타동사나 전치사의 목적어)

- 위치 : 소유격 + 명사자리
- 종류 : mine, ours, yours, his, hers, theirs, others, the others

- 의미 : -self의 형태로서 선행어와 의미적으로 동일 지시관계에 있으면서 기본적으로는 그것과 다른 구실을 하는 자리에 놓인 것을 말한다.
- 용법 : 재귀용법(재귀대명사가 동사 또는 전치사의 목적어로 쓰인 경우)
  강조용법(재귀대명사가 주어, 보어, 목적어를 강조하기 위해 쓰인 경우이며, 재귀대명사를 생략해도 문장이 성립되는 경우)
- 종류 : myself, ourselves, yourself, himself, herself, itself, themselves

인칭대명사의 변화형과 위치

인칭대명사는 인칭, 수, 격에 의한 변화가 있고, 3인칭 단수에는 성의 구별이 있으므로 인칭대명사의 변화형과 인칭대명사의 문장 내 위치를 정확히 알아야 한다.

인칭	단수와성/복수		주격	소유격	목적격	소유대명사	재귀대명사
1인칭	단수		I	my	me	mine	myself
	복수		we	our	us	ours	ourselves
2인칭	단수		you	your	you	yours	yourself
	복수		you	your	you	yours	yourselves
3인칭	단수형	남성	he	his	him	his	himself
		여성	she	her	her	hers	herself
		중성	it	its	it	-	itself
	복수형		they	their	them	theirs	themselves
문장 내의 위치			주어 자리	명사 앞자리	타동사나 전치사의 목적어 자리	소유격+명사 자리 (이중소유격)	타동사나 전치사의 목적어 자리 (재귀용법) 주어/주격보어/목적어 다음 자리 (강조용법)

(1) 인칭대명사의 수

명사가 단수/복수 형태가 있는 것처럼 인칭대명사도 단수/복수 형태가 있다. 앞의 명사에 따라 인칭대명사의 단수/복수가 결정되고, 이것이 주어로 쓰인 경우 동사의 단수/복수는 그것에 의해 결정 된다(단수→단수, 복수→복수).

ex There is a book on the table. <u>They are</u> mine.(×)

* They are는 It is로 고쳐야 한다. 왜냐하면 a book이 한 권의 책을 의미하므로, 3인칭 단수형을 가리키는 인칭대명사 It을 써야 하기 때문이다.

(2) 인칭대명사의 성 : 남성→남성, 여성→여성, 중성→중성

ex I love Mary. That's why <u>he</u> is beautiful and honest.(×)

Mary가 여성이므로 인칭대명사 he가 아니라, she로 받아야 한다.

(3) 인칭대명사의 격

인칭대명사가 문장에서 주어 자리에 있을 때는 주격, 명사를 소유하고 있는 상태를 나타내면 소유격, 타동사나 전치사의 목적어 자리에 있으면 목적격을 사용해야 한다.

ex <u>My</u> will give these books to Henry.(×)

give의 주어가 필요하므로 My→I로 고쳐야 한다.

Chapter 7

형용사의 맥을 짚는 비법 10가지

1. 형용사는 명사만 수식하고, 부사가 동사, 형용사, 부사, 구, 절, 문장 전체 등을 수식한다. 형용사는 수식기능 뿐만 아니라 문장의 주격보어와 목적격 보어로 쓰인다.

2. 서술적 용법(형용사가 보어로 쓰인 경우)으로만 쓰이는 형용사와 한정적 용법(형용사가 수식어로 쓰인 경우)으로만 쓰이는 형용사를 많이 암기하는 것이 좋다.

3. 형용사의 위치(명사 앞, 명사 뒤) : 형용사가 수식할 명사 뒤에 위치하는 여러 가지 경우에 대해 확실하게 알아야 한다.

4. –ly가 붙는 형용사를 주의하고, 같은 형태로서 형용사와 부사 양쪽으로 쓰이는 단어들을 익혀야 한다.

5. 형용사의 문형과 어순을 꼼꼼히 익혀야 한다.
   → 문형 : be동사, become, get, remain+____ 빈칸은 형용사 자리
   → 어순 : 한정사(관사, 소유격, 지시사)+성질+수량+대소+상태+신구+원산지(국적)+재료+동명사+명사

6. 수를 표시하는 형용사, 양을 표시하는 형용사, 수와 양을 공동으로 수식하는 형용사들을 자주 쓰이는 명사와 함께 한 덩어리로 외워두자.

7. 국명에서 나온 고유형용사의 국적(언어), 국민 개인, 국민 전체 등을 나타내는 표현을 알아야 한다.

8. 명사+명사 형태에서 앞에 위치한 명사는 단수형(예외도 있음)을 써야 한다(예 : **a shoe** shop)..

9. 수사와 관련된 여러 표현을 알아야 한다.
   → 숫자 다음에 척도를 나타내는 명사(dozen, hundred, thousand)의 용법
   → 책의 장, 쪽, 연극의 막 등과 관련된 표현 방법
   → 수사가 명사나 형용사로 쓰이는 경우

10. 비교급의 관용적 표현과 혼동하기 쉬운 형용사(용도가 다른 2개의 형용사)를 잘 익혀두자.

형용사

비교급과 최상급

- 원급: 서로 다른 2개를 대등한 관계에서 비교
  - 동등비교: as ~ as
  - 열등비교: not so/as ~ as
- 비교급: 서로 다른 2개들 중에서 우열을 비교
  - 우등비교: ~ er + than, more ~ than
    * the + 비교급, the + 비교급
  - 열등비교: less ~ than
- 최상급: 서로 다른 3개 이상에서 최상과 최하를 비교
  (the + 형용사 + est)

기 타

- 현재분사와 과거분사가 형용사로 쓰이는 경우
- 의문사가 형용사로 쓰이는 경우
- 형용사가 목적어를 갖는 경우
- 형용사가 전치사를 수반하는 경우

문형

- it + be동사 + 형용사 + to부정사/that절
- 사람주어 + be동사 + 형용사 + that절
- 사람주어 + be동사 + 형용사 + to부정사
- it + be동사 + 형용사 + 전치사 + 목적어 + to부정사

용 법

- 한정적 용법 : 형용사가 명사 앞뒤에서 직접수식
- 서술적 용법 : 형용사가 보어로 쓰여 수식하는 경우
- 명사적 용법 :
  - the + 형용사 → 보통명사
  - the + 형용사 → 추상명사

종 류

- 수량형용사
- 성질형용사
- 고유형용사
- 크기(대소형)형용사
- 모양, 상태형용사
- 색깔, 원산지(국적) 형용사

어 순

- 한정사 + 수량 + 성질 + 대소형 + 모양, 상태 + 신구 + 원산지 + 재료

형용사란?

형용사에서 '형용'이라는 말은 뭔가를 '설명한다(꾸민다)'는 의미이다. 즉 막연한 사물의 범위를 한정시켜 준다는 것이다. 이런 형용사를 본격적으로 공부하기 전에 형용사가 어떤 것을 꾸며주는지에 대해 영어와 국어에 있어서의 배열 구조상의 차이점을 조금만 살펴보아도 큰 도움이 될 것 같다. 영어든 국어든 언어의 구조는 수식(꾸미는 말)과 피수식(꾸밈을 받는 말)의 관계에 있다고 볼 수 있지만, 이 두 언어는 어순에 있어 근본적인 차이가 있다.

가 영어의 경우 : 수식어(주변어)는 피수식어(중심어) 앞과 뒤, 또는 앞뒤 양쪽에 올 수 있다.

a. 수식어가 피수식어의 앞에 위치하는 경우

a five-month old **baby**
수식어 피수식어

b. 수식어가 피수식어의 뒤에 위치하는 경우

a **book** useful for children
피수식어 수식어

c. 수식어가 피수식어의 앞 뒤 양쪽에 위치하는 경우

a beautiful **house** by the seaside
수식어 피수식어 수식어

나 국어의 경우 : 수식어가 피수식어 앞쪽에만 위치한다.
피수식어는 문장의 끝부분에 위치한다.
예문 a. 5개월 된 **아기**
예문 b. 학생들에게 유용한 **책**
예문 c. 바닷가에 있는 아름다운 **집**
수식어 수식어 피수식어

형용사의 가장 중요한 기능은 수식기능이라고 볼 수 있는데, 영어에서는 형용사가 문장 내에서 어떻게 수식을 하느냐와 관련된 위치문제가 시험에 주로 출제되고 있다.

.형용사

*6장 3절의 수나 양의 관계를 참조

수를 표시하는 형용사			수와 양에 함께 사용			양을 표시하는 형용사		
many few a few not a few a good many a great many a great number of a large number of a multitude of (많은, 수많은)	+	복수명사 →복수취급	a lot of lots of (a) plenty of some any	+	복수명사 →복수취급 또는 단수명사 →단수취급	much little a little not a little a great deal of a good deal of a great quantity of a large amount of (많은 양의, 상당한 양의)	+	단수명사 (물질/추상명사) →단수취급

형용사/부사의 원급, 비교급, 최상급에 관련된 핵심사항 정리

	원급	비교급	최상급
의미	서로 다른 2개를 대등한 관계에서 비교	서로 다른 2개들 중에서 우열을 비교	서로 다른 3개 이상 중에서 최상과 최하를 비교
종류	동등비교(as~as)	**우등비교** (~er+than, more~than) He is taller than his father.	**the+최상급** * the+최상급+명사+of(all)+복수명사 He is the tallest of all his classmates. * the+최상급+in+단수명사(장소, 범위) He is the most diligent boy in our class. * the+최상급+명사+관계사+주어+현재완료 The computer is the most powerful information tool that we have ever used.
		the+비교급, the+비교급 (~하면 할수록 더욱 더 ~하다) The more one has, the more one wants. * 비교급이 최상의 뜻으로 쓰이는 경우와 비교급에 정관사를 붙이는 경우 (chapter 7 unit 5 참조)	
	열등비교 (not so/as~as)	**the+비교급** * the+비교급+of the two+복수명사 Tom is the taller of the two boys. * 비교급이 부사구(절)와 쓰인 경우	
		열등비교(less~than)	**절대 최상급** * 3 이상의 구체적인 비교 대상을 제시하는 것 없이 최고의 것을 언급 This book is most interesting.
		동일인의 2 성질을 비교 (more+원급+than) He is more witty than wise.	
		라틴어 계통 단어와 prefer의 비교급 →접속사 than을 쓰지 않고 전치사 to를 사용	**무관사 최상급** * 정관사 대신 명사, 단순대명사의 소유격이 사용된 경우 * 동일인, 동일물의 성질을 비교
규칙 변화	형용사/부사	**형용사/부사~er**	**형용사/부사~est**
불규칙 변화	형용사/부사	형용사나 부사를 사전에서 찾는 경우 비교급이나 최상급이 불규칙적으로 변화하는 것은 기재 되어 있으므로 단어장에 별도로 기재한 후 암기해야 한다. 예 : good(원급) -better(비교급) -best(최상급)	

Chapter 8
관계사절의 맥을 짚는 비법 10가지

1. 관계사절의 의미와 기능을 알고 있어야 한다.
   →관계사(관계대명사/형용사/부사)는 기본적으로 접속사 기능+다른 기능(대명사/형용사/부사)을 갖고 있다는 것을 알고 있어야 한다.

2. 관계사절의 축약 형태를 알아야 한다.
   →관계사+일반동사(be동사 없는 경우) 형태와 관계사+be동사의 형태

3. 선행사와 관계사의 관계를 명확히 이해하고, 선행사에 맞추어 적절한 관계사 사용 여부를 확인한다.
   →관계대명사 who, which, that, what 등의 용법을 정확히 알아야 한다.

4. 선행사와 관계사절 속의 동사의 일치문제(인칭, 시제, 단수/복수)

5. 문장 내에서 관계대명사의 역할, 즉 3가지(주격, 목적격, 소유격) 중 어느 것으로 쓰이고 있는지를 파악할 수 있어야 한다.
   →관계대명사가 받고 있는 주어, 목적어가 관계사절 안에 중복 여부를 확인한다.

6. 관계사절의 제한적 용법과 계속적 용법을 명확히 알아야 한다.

7. 복합관계사 : 관계사에 ever가 붙은 것으로서, 선행사를 포함하고 있는 관계사이기 때문에 선행사와 함께 쓰일 수가 없다(whoever, whichever, whatever).

8. 유사 관계대명사 as(선행사로 such나 the same이 위치하는 경우)와 but(선행사 앞에 no나 not이 있는 경우)의 용법을 알아두자.

9. 관계부사 : 장소(where), 시간/때(when), 이유(why), 방법(how는 선행사 the way와 함께 쓰이지 않는다.)

10. 관계대명사와 관계부사의 구분 : 관계사절이 문장 내에서 대명사 기능을 하느냐 아니면 부사 기능을 하느냐에 따라 구분하면 된다.

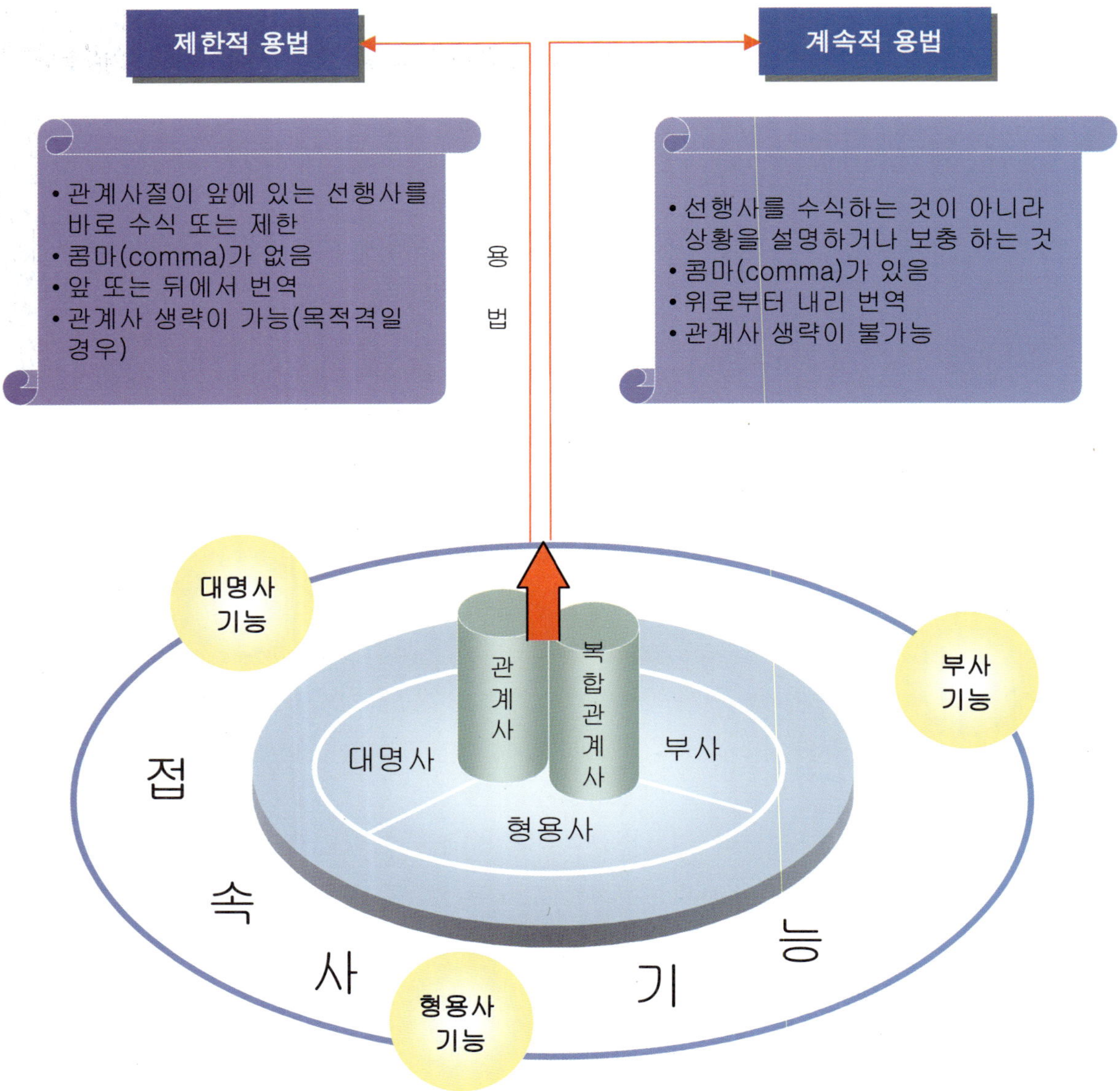
제한적 용법
계속적 용법
• 관계사절이 앞에 있는 선행사를 바로 수식 또는 제한
• 콤마(comma)가 없음
• 앞 또는 뒤에서 번역
• 관계사 생략이 가능(목적격일 경우)
용법
• 선행사를 수식하는 것이 아니라 상황을 설명하거나 보충 하는 것
• 콤마(comma)가 있음
• 위로부터 내리 번역
• 관계사 생략이 불가능
대명사 기능
부사 기능
형용사 기능
관계사
복합관계사
대명사
부사
형용사
접속사 기능

Chapter 9

조동사의 맥을 짚는 비법 10가지

1. 조동사의 기본적인 개념과 특징을 파악하고 있어야 한다.
2. 조동사는 서술동사가 될 수 없고, 조동사+동사원형이다.
3. may/might의 용법 및 이것과 관련된 관용적인 표현을 알아야 한다.
4. can/could : 능력, 허가, 금지, 추측 등으로 쓰이는 경우와 관용적인 표현(can not but+V)을 알아야 한다.
5. It+be동사+이성적·감성적 판단을 나타내는 형용사+that+S+should+V
   →should가 생략될 경우에도 동사원형을 써야 한다.
6. 주로 명사형에서 유래한 주장, 소망, 요구, 제안, 명령, 추천, 선호 등의 뜻을 나타내는 동사
   +that+S+(should)+V
7. 조동사(might/should/must)+have+p.p. : 각각의 조동사가 나타내는 의미를 알아야 한다.
8. 준조동사(had better/used to/have to/would rather+동사원형) 용법을 알아야 한다.
9. 기본조동사(have, do, be동사, need, used to)가 조동사로 쓰였는지 아니면 일반동사로 쓰였는지를 구분할 수 있어야 한다.
10. 조동사가 포함된 수동태 문장 : 조동사+be/have+p.p.(조동사 다음에 has는 쓰지 못함)

조동사

서법조동사

조동사 기능만 가지는 것

종류

- can/could
- may/might
- will/would
- shall/should
- ought to

주의해야 할 조동사 용법

may well+V: ~하는 것은 당연하다
may/might as well A as B:
B하느니 차라리 A 하는 것이 낫다

can not ~too: 아무리 해도 지나치지 않다

had better+V: ~하는 것이 낫다

조동사+have+p.p.

- might+have+p.p.: ~하였을지도 모른다
- can not+have+p.p.: ~을 했을리가 없다
- could+have+p.p.: ~할 수 있었을 텐데 (어떤 일을 할 수 있었지만 하지 않았다는 뜻)
- must+have+p.p.: ~했음에 틀림 없다
- should(ought to)+have+p.p.: ~했어야 했는데 (실제로는 하지 않았다는 뜻)
- need not+have+p.p.: ~할 필요가 없었는데 ~을 했다

기본조동사

조동사 기능 / 일반동사 기능

기능 종류	조동사	일반동사
be	수동태, 진행형	Chapter 9 Unit 3 참조
do	의문문, 부정문, 강조구문, 도치구문, 대동사	
have	완료구문 have(has)+p.p. had+p.p.	
dare	'감히~하다'의 뜻, 주로 부정문과 의문문에 쓰임	
need	'~할 필요가 있다'의 뜻, 주로 부정문과 의문문에 쓰임	
used to	'과거에~했었지만 지금은 아니다'의 뜻 * be used to+V~ing : ~하는데 익숙해 있다	

* 종속절에 should를 써야 하는 경우
- it+V+이성적 판단의 형용사+that+S+(should)+V
- it+V+감성적 판단의 형용사+that+should+V
- S+V+that+S+(should)+V
(주장, 소망, 요구, 제안, 명령, 추천, 선호 등을 나타내는 동사)

준동사란 무엇인가?

준동사란 대단히 어려운 개념처럼 생각된다. 하지만 국어와 비교해서 생각하면 쉽게 이해가 된다. 예를 들어, 국어에서 동사―「살다」에 다른 어미를 붙여 명사―「살아가는 것」, 형용사―「살아가는, 살고있는, 살았던」, 부사―「살아가기 위해, 살아가려면」등 동사에 다른 어미를 붙여 다른 품사기능을 만들고 있다. 영어에서도 **준동사**란 동사에서 파생된 것으로 일종의 동사가 화학적 변화를 일으켜 생성된 것으로 이해하면 된다. **동사(V)에 다른 요소가 첨부된 형태**, 즉 **to부정사(to+V)**, **분사(V+~ing/ed)**, **동명사(V+~ing)** 등을 일컫는 말이다(동사 live의 예: to live, living/ed, living).

준동사는 이처럼 동사에 다른 것이 첨부된 형태이기 때문에 **동사적 성질**을 가지고는 있으나, 문중에서 술어동사(본동사)는 되지 못하고, 단지 **다른 품사 기능을 수행**하는 것을 말한다. 여기에서 동사의 성질이란 준동사에 해당하는 것들은 의미상의 시제와 태를 표현할 수 있을 뿐만 아니라 주어, 목적어, 보어를 가질 수 있고, 부사의 수식을 받을 수 있다는 것을 의미한다. 이것을 그림과(앞 표지 2참조) 도표로 설명하면 다음과 같다.

준동사가 동사의 성질을 유지하고 있는 용례

종 류	준동사 종류	용 례
❶ **의미상의 주어** 밑줄친 부분이 진한글씨체 부분의 의미상의 주어	to부정사	It is very important for us **to trust** ourselves. 우리가 자기 자신을 신뢰하는 것은 대단히 중요하다.
	동명사	She is sure of her **getting** the driver's license this month. 그녀는 이번 달에 운전면허증을 획득하리라고 확신하고 있다.
	분 사	It **being** sultry, we can enjoy swimming today. 무더운 날씨여서, 우리는 오늘 수영을 즐길 수가 있다.
❷ **의미상의 목적어** 진한글씨체 부분이 밑줄친 부분의 의미상의 목적어	to부정사	We will want to buy **a nice car** next month. 우리는 다음 달에 멋진 차를 사기를 원한다.
	동명사	We finished repairing **our house** yesterday. 우리는 어제 집을 수리하는 것을 끝마쳤다.
	분 사	There are a number of people enjoying **sports** on weekends. 주말에 스포츠를 즐기는 많은 사람들이 있다.

구분	준동사	예문
③ 의미상의 보어 진한글씨체 부분이 밑줄친 부분의 의미상의 보어	to부정사	This girl wants to be **a great golfer**. 이 소녀는 훌륭한 골프선수가 되기를 원하고 있다.
	동명사	Becoming **a great doctor** seems difficult. 훌륭한 의사가 되는 것은 어려운 것처럼 보인다.
	분사	Being **tired**, I went to bed early last night. 피곤해서 나는 지난밤에 일찍 잠자리에 들었다.
④ 부사의 수식을 받는 경우	to부정사	To exercise regularly is very important to maintain our health. 우리의 건강을 유지하기 위해선 규칙적으로 운동하는 것이 대단히 중요하다.
	동명사	Speaking a foreign language fluently is not easy. 외국어를 유창하게 구사하는 것은 쉽지 않다.
	분사	The car repaired yesterday broke down again. 어제 수리한 차가 다시 고장 났다.
⑤ 시제를 나타내는 경우	to부정사	She seems to be smart. →It seems that she is smart. * 단순부정사와 술어동사의 시제가 같은 경우 그녀는 재치있는 것처럼 보인다. She seems to have been poor. →It seems that she was poor. * 완료부정사와 술어동사의 시제가 다른 경우 그녀는 가난했던 것처럼 보인다.
	동명사	On arriving at a good idea I decided to write a book. →As soon as I arrived at a good idea, I decided to write a book.
	분사	Turning to the right, you will find the post office. →If you turn to the right, you will find the post office. * 부사절에서 현재시제가 미래시제를 대용하는 경우 오른쪽으로 돌아가면, 당신은 우체국을 찾을 수 있을 것입니다.
⑥ 태를 나타내는 경우	to부정사	I like to learn a social dance. **(능동태)** 나는 사교춤을 배우고 싶다. She likes to be admired. **(수동태)** 그녀를 칭찬받기를 좋아한다.
	동명사	Establishing a new store is not difficult. **(능동태)** 새로운 점포를 여는 것은 어렵지 않다. People don't like being asked to borrow money. **(수동태)** →People don't like that they are asked to borrow money. 사람들은 돈을 빌려달라는 부탁 받는 것을 싫어한다.
	분사	Living in the country, I can enjoy nature a lot. **(능동태)** 나는 시골에 살고 있어서 자연을 많이 즐길 수가 있다. Written in plain English, this book is suitable for beginners. **(수동태)** →Since it is written in plain English, this book is suitable for beginners. 평이한 영어로 쓰여 있어서 이 책은 초보자들에게 적합하다.

Chapter 10

부정사의 맥을 짚는 비법 10가지

1. 부정사(不定詞)의 의미와 종류를 정확히 이해하고 있어야 한다.
2. (to)부정사가 동사의 성질을 보유하면서 명사, 형용사, 부사 역할을 할 수가 있다.
→ to부정사가 진주어(가주어)와 진목적어(가목적어)로 사용되는 용법을 익혀두자.
3. 독립부정사의 의미와 용도를 정확히 알고 있어야 한다.
4. 부정사의 의미상의 시제 : 단순부정사—부정사는 술어동사의 시제와 동일한 시제, 완료부정사—서술하고자 하는 내용이나 일 그리고 상황이 술어동사보다 시간상 한 시제 앞선다.
5. 부정사의 의미상의 주어는 주어를 따로 두지 않는 경우와 따로 명시하는 경우가 있다.
6. to부정사를 목적어로 취하는 타동사들을 목적어와 함께 한 덩어리로 많이 암기하자.
(choose, pretend, decide, determine, care, refuse, hope, wish)
7. 부정어(not, never)는 to부정사 앞에 위치한다.
8. 부정사의 수동태 : 단순부정사의 수동태(to+be+p.p.)
완료부정사의 수동태(to+have+been+p.p.)
9. 원형부정사를 쓰는 경우 : 지각동사/사역동사+목적어(사람)+V
→ 관용어구 다음에 원형부정사를 쓰는 경우를 많이 익혀 두어야 한다.
10. 주어+타동사+목적어(to부정사와 동명사의 선택문제를 구별할 수 있어야 한다.)
→ 동명사에 비해 '미래적 · 구체적 · 가상적 성질'을 갖고 있는 단어는 to부정사를 선택하고, 객관적 사실, 과거나 현재지향적인 의미를 갖고 있는 단어는 동명사를 선택한다.

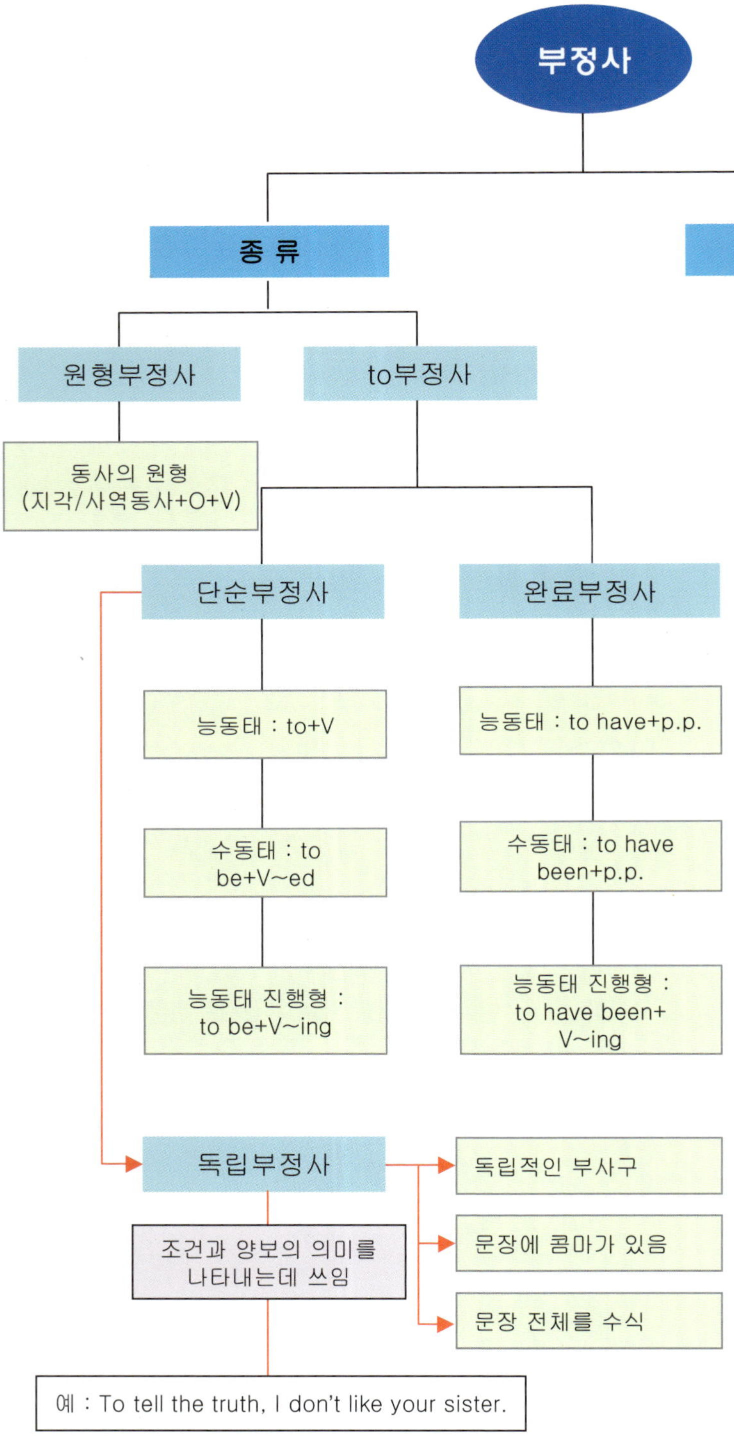
부정사
종 류
기 능
원형부정사
to부정사
동사의 원형
(지각/사역동사+O+V)
단순부정사
완료부정사
능동태 : to+V
수동태 : to be+V~ed
능동태 진행형 : to be+V~ing
능동태 : to have+p.p.
수동태 : to have been+p.p.
능동태 진행형 : to have been+ V~ing
독립부정사
독립적인 부사구
문장에 콤마가 있음
문장 전체를 수식
조건과 양보의 의미를 나타내는데 쓰임
예 : To tell the truth, I don't like your sister.
명사적 기능
문장의 주어, 목적어 보어로 쓰임
형용사적 기능
명사를 수식
부사적 기능
이유, 원인, 목적, 결과, 양보, 조건 등을 나타냄.

Chapter 11
동명사의 맥을 짚는 비법 10가지

1. 동명사의 의미를 알고 있어야 한다.
   → 동명사란 'V+ing'뿐만 아니라 V+ing형이 지배하는 목적어나 보어까지를 의미한다.

2. 동명사의 성질(동사성질+명사성질)을 이해하자.
   → 동사성질 : 의미상의 주어/목적어/보어를 취할 수 있고, 태나 시제구분이 있고, 부사의 수식을 받을 수 있다.
   → 명사성질 : 문장에서 주어, 보어, 목적어로 쓰일 수 있다.

3. 동명사의 4가지 형태를 알아야 한다.

4. 동명사와 다른 문법(현재분사, 준명사, 부정사)과의 차이점을 이해하고 있어야 한다.
   → to부정사와 동명사를 수반하는 대조적인 비교구문을 많이 알아야 한다.

5. 동명사를 목적으로 취하는 타동사를 가능하면 예문과 함께 많이 암기하자.

6. 동명사의 태의 특성을 알고 있어야 한다.
   → 동명사의 태는 엄격하게 구분하기가 어렵다. 가령 need, require, want 다음에 동명사가 목적어로 오지만, 이것들의 의미는 수동적인 의미이다.

7. 동명사의 시제를 알고 있어야 한다.
   단순동명사(V~ing) : 술어동사와 동일시제 또는 미래시제
   완료동명사(having+p.p.) : 술어동사보다 한 시제 앞선 시제

8. 동명사의 의미상의 주어를 알아야 한다.
   → 주어를 별도로 써주어야 하는 경우 : 인칭대명사의 경우 소유격이 원칙이다.
   → 주어를 별도로 써주지 않아도 되는 경우 : 동명사의 의미상의 주어가 주절의 주어와 일치하는 경우이거나 일반인을 지칭하는 경우이다.

9. to부정사는 명사, 형용사, 부사로 쓰일 수 있지만 동명사는 명사 역할만 한다.

10. 시험에 자주 나오는 동명사의 관용적 표현, 특히 전치사 to 다음에 동명사로 쓰이는 관용적인 표현을 꼭 암기해 두자.

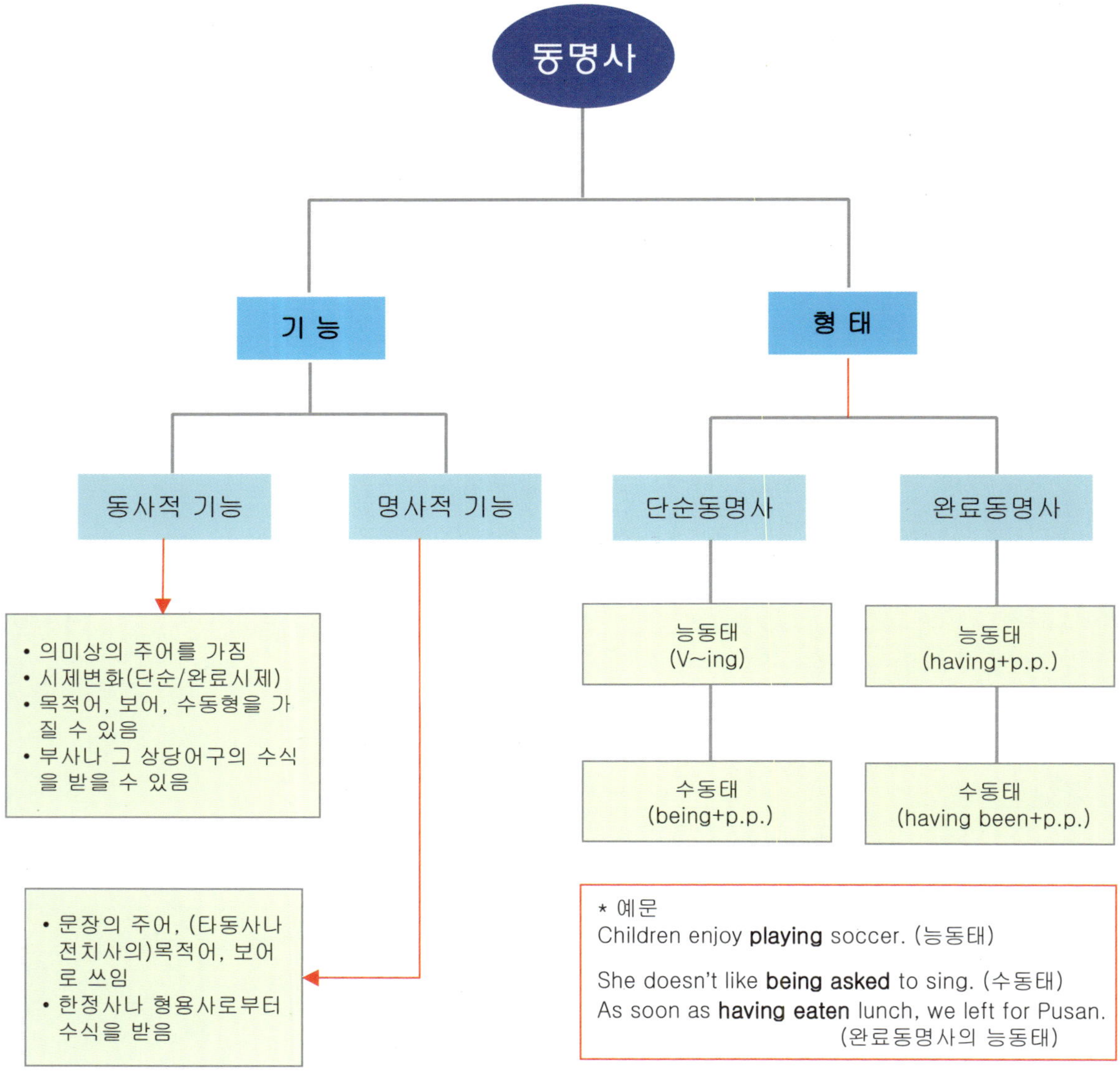

*** 동명사의 기능에 대한 예문**

Keeping your promise is a key ingredient for success.

Keeping이 목적어를 취한다는 점에서 동사의 성질을 갖고 있는 것이며, keeping your promise 전체가 문장의 주어로 쓰인 점에서 명사적 성질도 갖고 있는 것이다.

동명사와 다른 문법과의 구별

동명사와 현재분사와의 구별

구 분		현재분사	동명사
공통점	형 태	동사+ing	
차이점	용 법	현재분사+명사(수식관계)	동명사+명사(복합관계)
		진행, 상태, 동작의 의미 '~하고 있는' 의미로 번역	목적, 용도의 의미 '~하기 위하여' 의미로 번역
		동사의 성질+형용사의 성질	동사의 성질+명사의 성질
		명사(주어)+관계대명사+be동사+동사~ing	명사+for+동사~ing
	강세의 위치	현재분사+명사 boiling wáter(끓는 물)	동명사+분사 a boíling point(비등점)
	예 문	a sleeping baby(잠자고 있는 아이) =a baby who is sleeping	a sleeping car(침대차) =a car for sleeping

동명사와 준명사의 구별

구 분		동명사	준명사
공통점	형 태	동사+ing	
차이점	기 능	동명사+명사	명 사
	용 법	(1) 관 사 : × (2) 수식어 : × (3) 목적어 : 목적어	(1) 관 사 : ○ (2) 수식어 : 형용사 (3) 목적어 : of+목적어
	예 문	They were arrested for **stealing cars.** 그들은 자동차를 훔쳐서 체포되었다.	They were arrested for **the stealing of cars.** 그들은 자동차를 훔친 일로 체포되었다.

동명사와 to부정사의 구별

구 분	동명사	to부정사
형 태	동사+ing	to+동사원형
용 법	* 동사의 성질 : 목적어, 보어, 완료형, 수동형을 가질 수 있고, 부사나 그 상당어구의 수식을 받는 경우 * 명사의 성질 : 동명사 자체가 문장의 주어, 목적어, 보어가 되는 경우 * 전치사의 목적어로 쓰이는 경우	* 명사의 성질 : to부정사가 주어, 목적어, 보어로서의 역할 * 형용사의 성질 : to부정사가 한정적, 서술적으로 쓰이는 경우 * 부사의 성질 : to부정사가 목적, 결과, 원인, 조건, 양보, 이유, 판단의 근거가 되는 경우 * 전치사의 목적어로 쓰일 수 없는 경우
용 도	일반적, 보편적, 영속적 사실을 표현하는 경우	개별적, 구체적, 일시적 사실을 표현하는 경우
예 문	I like **smoking.**(=be fond of) 나는 담배 피우는 것을 좋아한다.	I like **to smoke.**(=want to) 나는 담배가 피우고 싶다.

Chapter 12
분사의 맥을 짚는 비법 10가지

1. 분사의 의미와 종류를 알아야 한다.
   → 현재분사는 능동, 진행의 의미로, 과거분사는 수동, 동작이 완료된 의미로 쓰인다.

2. 분사가 목적격보어로 쓰이는 경우 : 타동사+(대)명사+현재분사/과거분사
   (대)명사 = O, 현재분사/과거분사 = OC
   → O와 OC의 관계가 능동적인 관계이면 현재분사를, 수동적인 관계이면 과거분사를 쓴다.

3. 분사가 형용사절(관계사절)의 축약된 형태로 쓰이는 경우를 알아야 한다.

4. 분사의 동사적 성질 : 목적어나 보어를 가질 수 있고, 부사의 수식을 받을 수 있다.
   → be동사+현재분사(진행형), have/has/had+p.p.(완료형)

5. 분사의 기능(형용사와 부사 기능)을 잘 알고 있어야 한다.
   → 분사의 형용사 기능 : 분사가 명사를 수식하는 경우와 보어로 쓰이는 경우
   → 분사의 부사 기능 : 분사가 유도하는 구가 독립적으로 부사적인 수식기능을 갖는 경우

6. 분사구문의 의미와 종류를 잘 이해하고 있어야 한다.

7. 부사절을 분사구문으로 바꾸는 방법을 알아야 한다.
   → 분사구문을 절로 고치는 경우 적절한 주어와 접속사를 사용해야 한다.

8. 독립분사구문과 무인칭독립분사구문에 대한 개념을 이해하고 있어야 한다.
   → 독립분사구문 : 주절의 주어와 종속절의 주어가 일치하지 않는 경우
   → 무인칭독립분사구문 : 주절의 주어와 종속절의 주어(일반인)가 일치하지 않지만 생략할 수 있는 경우

9. 부사절이 수동태 문장인 경우, 분사(being, having been)가 생략될 수 있다.

10. 분사구문의 의미를 강조하는 방법(능동형과 수동형 분사구문을 구별하여 사용)을 알고 있어야 한다.

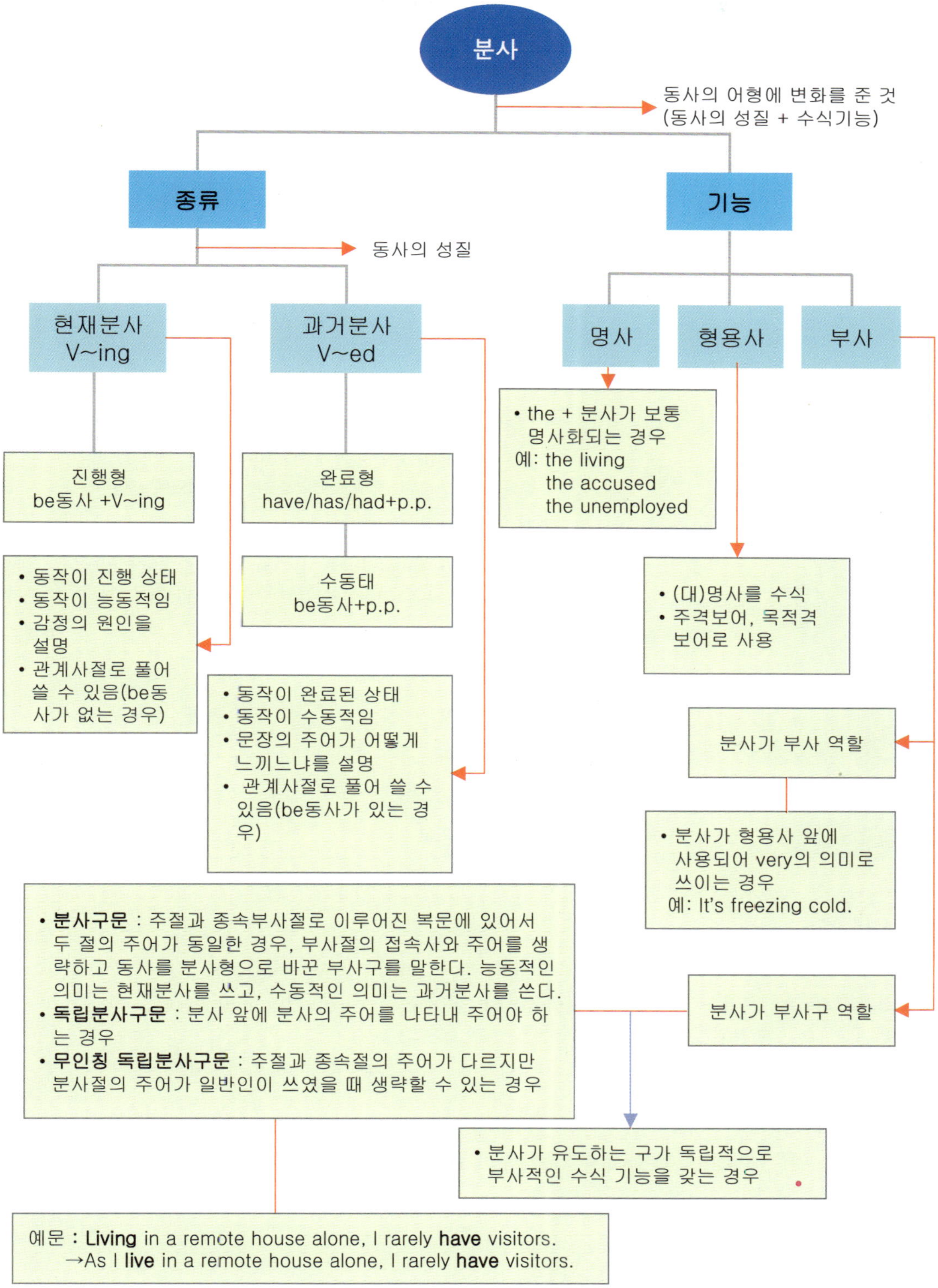
분사
동사의 어형에 변화를 준 것
(동사의 성질 + 수식기능)
종류
동사의 성질
현재분사
V~ing
진행형
be동사 +V~ing
• 동작이 진행 상태
• 동작이 능동적임
• 감정의 원인을 설명
• 관계사절로 풀어 쓸 수 있음(be동사가 없는 경우)
과거분사
V~ed
완료형
have/has/had+p.p.
수동태
be동사+p.p.
• 동작이 완료된 상태
• 동작이 수동적임
• 문장의 주어가 어떻게 느끼느냐를 설명
• 관계사절로 풀어 쓸 수 있음(be동사가 있는 경우)
기능
명사
형용사
부사
• the + 분사가 보통 명사화되는 경우
예: the living
the accused
the unemployed
• (대)명사를 수식
• 주격보어, 목적격 보어로 사용
분사가 부사 역할
• 분사가 형용사 앞에 사용되어 very의 의미로 쓰이는 경우
예: It's freezing cold.
분사가 부사구 역할
• 분사구문 : 주절과 종속부사절로 이루어진 복문에 있어서 두 절의 주어가 동일한 경우, 부사절의 접속사와 주어를 생략하고 동사를 분사형으로 바꾼 부사구를 말한다. 능동적인 의미는 현재분사를 쓰고, 수동적인 의미는 과거분사를 쓴다.
• 독립분사구문 : 분사 앞에 분사의 주어를 나타내 주어야 하는 경우
• 무인칭 독립분사구문 : 주절과 종속절의 주어가 다르지만 분사절의 주어가 일반인이 쓰였을 때 생략할 수 있는 경우
• 분사가 유도하는 구가 독립적으로 부사적인 수식 기능을 갖는 경우
예문 : Living in a remote house alone, I rarely have visitors.
→As I live in a remote house alone, I rarely have visitors.

분사의 시제

종 류	형 식	부사절(분사구문)과 주절동사의 시제관계: 부사절	주절동사	시제관계
단순분사	동사원형+ing 동사의 과거분사	현 재	현 재	주절시제＝부사절시제
		과 거	과 거	
완료분사	having+과거분사	현재완료/과거	현 재	부사절시제는 주절시제 보다 한 시제 앞선다.
		과거완료	과 거	

부사절(종속절)을 분사구문으로 바꾸는 방법

순 서			부사절(종속절)을 바꿔야 할 내용			비 고
①	접속사 ↓		생략(일반적)	* 분사구문의 뜻이 이유, 조건, 때 등 어느 것으로 쓰였는지 혼동을 일으킬 수 있는 경우를 제외하고는 일반적으로 생략한다.		
②	주어 ↓		생략	주절의 주어와 종속절의 주어가 같은 경우		분사구문
				주절의 주어와 종속절의 주어가 다른 경우라도 일반인(we/you/they/ people)이 부사절의 주어로 쓰인 경우		무인칭독립 분사구문
			존치(存置)	주절의 주어와 종속절의 주어가 다른 경우		독립분사구문
③	동사		형식	분사구문→부사절 시제	주절동사 시제	
	시제 ↓	단순분사	동사원형+ing(능동의미) 동사의 과거분사(수동의미)	현재	현재	동일한 시제
				과거	과거	
		완료분사	having+과거분사	현재완료/과거	현재	주절시제보다 한 시제 앞선다.
				과거완료	과거	

분사구문의 예

Living in a remote house alone, I rarely have visitors.
→As I live in a remote house alone, I rarely have visitors.
나는 외딴 집에 홀로 살고 있기 때문에 방문객들이 아주 적었다.

독립분사구문의 예

Weather permitting, we shall go on a picnic tomorrow.
→If weather permits, we shall go on a picnic tomorrow.
날씨가 허락한다면 우리는 내일 소풍갈 것이다.

무인칭독립분사구문의 예

Strictly speaking, he is not an honest man.
→If we speak strictly, he is not an honest man.
엄격히 말한다면, 그는 정직한 사람이 아니다.

Chapter 13
접속사의 맥을 짚는 비법 10가지

1. 절과 접속사의 핵심원리를 잘 이해하는 것이 중요하다.
   → 한 문장에 동사가 두 개 이상이면 반드시 연결사(접속사, 관계사)가 필요하다.
2. 접속사와 전치사의 공통점(연결기능)과 차이점을 익혀두고 선택적으로 사용해야 한다.
   → 차이점 : 전치사-단어와 구는 연결하지만 문장은 연결하지 못함(like)
   접속사-단어, 구, 문장을 연결하는 것이 가능함(as)
3. what과 that이 접속사 기능을 갖고 있는 경우 구문상의 차이점을 파악하라.
4. 등위상관접속사의 대구관계와 수의 일치를 정확히 알아야 한다.
   both A and B에서 and 대신에 다른 or나 nor를 쓰면 안 된다.
5. 접속사와 병치법 : 등위접속사와 등위상관접속사로 이어지는 앞뒤의 대상은 원칙적으로 같은 역할과 형태를 갖는 품사, 구 또는 절로 연결되어야 한다.
6. 등위접속사와 종속접속사를 구분하여 사용해야 하고, 명사절, 형용사절, 부사절을 이끄는 각각의 접속사를 정확히 알아야 한다.
   → because, in case that, although+절, because of, in case of, in spite of+구
7. 각각의 접속사의 기능, 즉 등위접속사(and, but, or, nor), 종속접속사(as, because, if, since, before, when)를 정확히 알아두자.
8. 문장의 의미에 맞게 적절한 접속사를 사용했는지를 확인, 특히 양보와 이유 부사절은 반드시 해석을 해본 후 답을 선택해야 한다.
9. 접속사들 중 상당수가 부사로도 사용되고 있으므로 접속사로 쓰였는지, 부사로 쓰였는지 구분할 수 있어야 한다.
10. 주의해야할 접속사(as, so~that/so that, since, whether)의 다양한 용법과 접속사의 형태상 분류에서 군접속사의 기능과 의미를 철저히 알아야 한다.

접속사

기능상 분류

등위접속사
- and, but, of, for, yet, so

등위상관접속사
- both~and, either~or, neither~nor, not~but, between~and, not only~but also

종속접속사
- 종속접속사가 사용된 절이 문장에서 하는 역할에 따라 구분
  - 명사절 — 절이 문장에서 주어, (타동사나 전치사의)목적어, 보어 역할
  - 형용사절 — 절이 주절 안에 있는 (대)명사를 수식하는 역할
  - 부사절 — 절이 문장 전체 또는 술어동사를 수식하는 역할 (때, 장소, 이유, 원인. 양보, 조건, 결과, 정도)

형태상 분류

단위접속사
- 하나의 단어 형태로 단어와 단어, 구와 구, 절과 절을 연결하는 기능

군접속사
- 두 개 이상의 단어가 모여 단일 접속사와 같이 연결하는 기능

상관접속사
- 다른 어구를 사이에 두고 분리되어 나타나지만 서로 연관관계를 갖고 연결하는 기능

Chapter 14

태와 법의 맥을 짚는 비법 10가지

1. '태'의 의미에 대한 정확한 이해가 필요하다.
   동사 자리에 빈칸이 있으면 능동태와 수동태를 확인해야 한다. 주어와 동사 사이에 여러 개의 수식어구를 삽입한 후 태를 묻는 문제가 자주 출제된다.

2. 능동태를 수동태로 전환하는 방법을 확실하게 이해하는 것이 중요하다.

3. 빈칸 뒤에 목적어(명사나 대명사)가 있으면 능동태를 고르고, 빈칸 뒤에 명사나 대명사가 없거나 by+행위자 형태가 나오면 수동태를 선택하라.

4. 4형식의 문장은 대개 간접목적어를 주어로 하든지, 직접목적어를 주어로 하여 두 개의 수동태가 가능하다(예외도 있음).

5. 술부동사(지각동사/사역동사)+목적어+원형부정사 형태를 취하는 구문이 수동태로 바뀔 경우 원형부정사는 to있는 부정사가 된다.

6. 수동태의 여러 가지 유형에 익숙해져야 한다.
   → 타동사 역할을 하는 동사구의 수동태 : be동사+과거분사+전치사+by
   → be 동사 대신에 get/become/grow+과거분사 형태로 쓰이는 수동태

7. 능동태를 수동태로 전환하는 경우 행위의 전치사 by 대신에 다른 전치사를 쓰는 관용적인 표현을 한 덩어리로 많이 암기하자.

8. 수동태로 쓸 수 없는 동사(자동사, 소유동사, 상태동사)가 있다.

9. 가정법을 나타내는 다양한 형식과 용법을, 특히 가정법 과거완료 형식을 꼭 알아야 한다.

조건절	주 절
If+주어+had+p.p.	주어+조동사의 과거형+have+p.p

   (조건절을 보고 주절의 형식을 찾거나, 주절을 보고 조건절의 형식을 찾는 문제가 출제)

10. 가정법에서 if가 생략되면 도치구문을 사용하고, if를 대신하여 사용되는 특수 가정법(It is time that~), if의 대용어구(once, unless, but for, without) 등을 알고 있어야 한다.

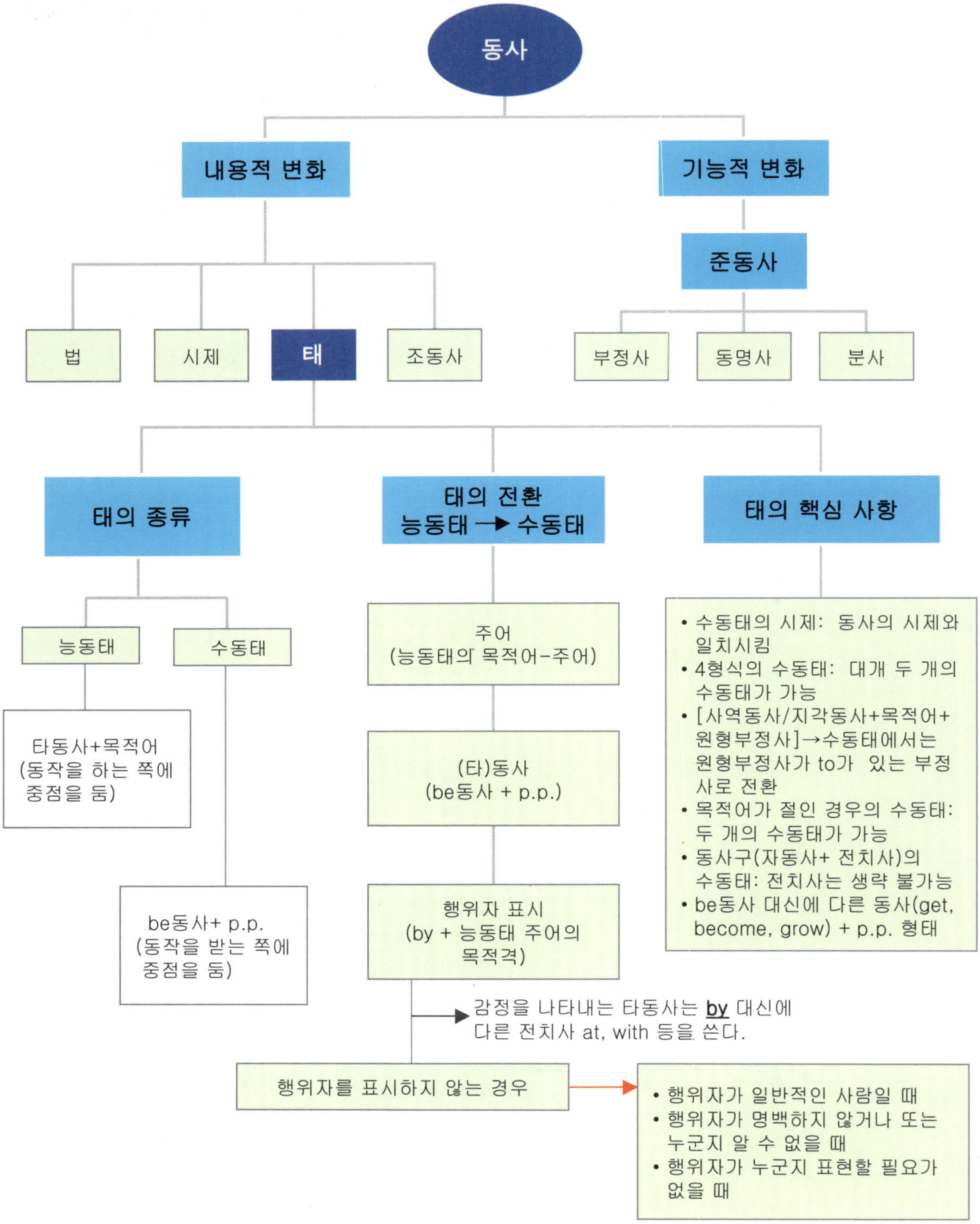
동사
내용적 변화
기능적 변화
준동사
법
시제
태
조동사
부정사
동명사
분사
태의 종류
태의 전환
능동태 → 수동태
태의 핵심 사항
능동태
수동태
타동사+목적어
(동작을 하는 쪽에
중점을 둠)
be동사+ p.p.
(동작을 받는 쪽에
중점을 둠)
주어
(능동태의 목적어-주어)
(타)동사
(be동사 + p.p.)
행위자 표시
(by + 능동태 주어의
목적격)
감정을 나타내는 타동사는 by 대신에
다른 전치사 at, with 등을 쓴다.
행위자를 표시하지 않는 경우
• 행위자가 일반적인 사람일 때
• 행위자가 명백하지 않거나 또는
누군지 알 수 없을 때
• 행위자가 누군지 표현할 필요가
없을 때
• 수동태의 시제: 동사의 시제와
일치시킴
• 4형식의 수동태: 대개 두 개의
수동태가 가능
• [사역동사/지각동사+목적어+
원형부정사]→수동태에서는
원형부정사가 to가 있는 부정
사로 전환
• 목적어가 절인 경우의 수동태:
두 개의 수동태가 가능
• 동사구(자동사+ 전치사)의
수동태: 전치사는 생략 불가능
• be동사 대신에 다른 동사(get,
become, grow) + p.p. 형태

문장에서 술어부분(동사)의 내용적 변화 : 법, 시제, 태, 조동사

<table>
<tr><td rowspan="3">법(서법)
➡ 화자의 심리태도에 의한 동사의 표현 형식</td><td>직설법</td><td colspan="2">• 인칭, 수, 시제 등에 따라 동사 형태가 변함
- 있는 사실을 그대로 말하는 평서문
- 사실에 대한 확인이나 어떤 의구심을 내포하는 의문문
- 어떤 사실에 감정을 섞어서 전달하는 감탄문</td></tr>
<tr><td>명령법</td><td colspan="2">화자가 자기의 의사(명령, 요청, 권유, 경고, 금지)를 청자가 실천하게 하는 방식</td></tr>
<tr><td>가정법</td><td colspan="2">Chapter 14 unit 3
가정법 참조</td></tr>
<tr><td rowspan="12">시제
➡ 동사의 어형변화에 따라 그것이 타내는 행위 상태의 시간관계</td><td rowspan="3">단순시제</td><td>❶ 현재</td><td>V(동사원형)</td></tr>
<tr><td>❷ 과거</td><td>V+ed</td></tr>
<tr><td>❸ 미래</td><td>조동사(will, shall)+V</td></tr>
<tr><td rowspan="3">완료시제</td><td>❹ 현재완료</td><td>have/has+p.p.</td></tr>
<tr><td>❺ 과거완료</td><td>had+p.p.</td></tr>
<tr><td>❻ 미래완료</td><td>조동사(will, shall)+have+p.p.</td></tr>
<tr><td rowspan="3">진행형</td><td>❼ 현재진행형</td><td>be동사의 현재형(am/are/is)+V~ing</td></tr>
<tr><td>❽ 과거진행형</td><td>be동사의 과거형(was/were)+V~ing</td></tr>
<tr><td>❾ 미래진행형</td><td>조동사(will, shall)+be+V~ing</td></tr>
<tr><td rowspan="3">완료+진행형</td><td>❿ 현재완료진행형</td><td>have/has+been+V~ing</td></tr>
<tr><td>⓫ 과거완료진행형</td><td>had+been+V~ing</td></tr>
<tr><td>⓬ 미래완료진행형</td><td>조동사(will, shall)+have+been+V~ing</td></tr>
<tr><td rowspan="2">태
➡ 주어와 술어동사와의 관계에서 동작의 관점 차이에 따라 생기는 동사의 표현 형식</td><td>능동태</td><td colspan="2">주어+타동사+목적어 형식으로 주어가 동사의 행위자로서 역할을 하는 경우</td></tr>
<tr><td>수동태</td><td colspan="2">be동사+동사의 과거분사 형식으로 주어가 동사의 행위를 받거나 당하는 수동자의 입장에 있는 경우</td></tr>
<tr><td rowspan="2">조동사
(문장에 따라 선택적인 사항)
➡ 본동사를 보조하며 시간, 강조, 의문, 부정, 서법 등을 나타낼 때 사용</td><td>서법조동사</td><td colspan="2">조동사 기능만 가지는 것
(will, shall, can, may, would, might, should, ought to)</td></tr>
<tr><td>기본조동사</td><td colspan="2">일반 동사기능+조동사기능
(do, have, be동사, need, dare, used to)</td></tr>
</table>

Chapter 15
부사의 맥을 짚는 비법 10가지

1. 부사의 역할에 따른 내용별 분류와 자주 사용되는 부사의 의미를 파악하자.
   →의문부사의 각각의 용도 : 장소(where), 시간/때(when), 이유(why), 방법(how), 거리(how far), 횟수(how often)

2. 명사 수식은 명사, 분사, 형용사가 하나, 나머지 품사의 수식은 부사가 한다.
   →완전자동사 다음에는 부사만이 올 수 있고, 보어가 필요한 부분에는 부사를 쓸 수 없다.

3. 같은 형태로 형용사와 부사로 쓰이는 단어의 종류와 의미를 알아야 한다.

4. 부사의 위치에 대해 정확히 알고 있어야 한다.
   →부사가 동사를 수식 : 문중에 오는 부사는 일반동사 앞에, 조동사(be동사) 뒤에 위치
   →____+분사/형용사+명사 형태에서 빈칸은 부사자리
   →____, 주어+동사+(보어/목적어) 형태에서 빈칸은 부사나 부사상당어구 자리

5. 주의하여 사용해야할 부사는 시험에 자주 출제됨으로 철저히 알아야 한다.

6. 조동사와 관련된 부사의 위치와 부사어구의 배열순서를 알아야 한다.
   →완료형태와 관련된 부사의 위치를 알아두자.

7. 자주 사용되고 있는 부사의 종류의 의미 그리고 주의해야할 기타 부사의 용법을 알아야 한다.
   →already, yet, still 등의 의미와 용도 그리고 각각의 차이점을 구별
   →almost, most, most of 등의 의미와 용도 그리고 각각의 차이점을 구별

8. 부사절의 의미와 유형을 잘 알아야 한다.

9. 부사절의 역할에 따른 문장의 분류 : 시간, 원인/이유, 조건, 양보 등을 나타내는 각각의 접속사를 익혀야 하고, 구와 절을 연결하는 접속사를 엄격히 구분하여 사용해야 한다.

10. 부사절의 축약형태(be동사가 있는 경우와 be동사 없는 경우)를 알고 있어야 한다.

부 사

형태

- 형용사 + ly / ily / lly
- 형용사와 같은 형태의 부사
  - long, early, enough, near
- 전치사 + 추상명사 → 부사
  - in + reality - really
  - with + ease - easily

기능(수식)

- 동사 수식 → 일반동사 앞에, 조동사나 be동사 뒤에
- 형용사 수식 → 형용사 앞에
- 부사 수식 → 부사 앞에
- 구/절을 수식 → 구/절 앞에
- 문장 전체를 수식 → 부사가 문두에서 문장 전체를 수식하는 경우 콤마를 찍음

위치

- 문두에 위치
  - 시간/장소부사
- 문중에 위치
  - 빈도/양태부사 (동사수식 참조)
- 부사가 2개 이상인 경우
  - 장소+방법+시간
  - 작은 장소+큰 장소
  - 작은 단위시간+ 큰 단위시간
  - 짧은 부사구+긴 부사구
- 타동사+부사
  - 타동사+부사+O(명사)
  - 타동사+O(명사)+부사
  - 타동사+O(대명사)+부사

부사절

종류	접속사
시간	after, as, before while, as soon as
원인/이유	as, because, since
조건	if, unless, in case, provided that
대조	whereas, while
목적	so that, in order that
장소	where, wherever
양호	though, although, if
결과	so ~ that such ~ that

부사절의 축약 형태

- 부사절에 be동사가 있는 경우
  - (접속사, 주어, be동사 생략)
- 부사절에 be동사가 없는 경우
  - 접속사와 주어를 생략, 동사를 동사+ing로 바꿈

주의하여 사용할 부사

- already, yet, still
- ago, before, since
- almost, most, most of
- 형용사/부사 + enough

Chapter 16

전치사의 맥을 짚는 비법 10가지

1. 전치사의 역할을 알아야 한다.
→전치사+명사(상당어구)→명사를 수식하는 형용사 역할, 동사를 수식하는 부사 역할
→자동사+전치사→타동사 역할

2. 전치사는 명사 앞에 위치하여 장소, 시간, 이유 등을 나타내는데 쓰인다.

3. 2개의 단어 이상으로 이루어진 전치사구는 반드시 함께 사용해야만 올바른 의미를 전달할 수 있으므로 어느 하나가 빠져있으면 오류다. 이런 전치사구 종류와 분사형 전치사('V+ing'형태)를 가능한 한 많이 알아야 한다.

4. 전치사는 목적어를 필요로 한다.
→목적어로 올 수 있는 예 : (대)명사, 동명사, 부사, 형용사, 인칭대명사는 목적격

5. 전치사의 위치 : 일반적으로 목적어 앞에 위치하나 목적어 뒤에 위치하는 경우도 있음(의문사가 목적어로 쓰인 경우, 수동태의 경우, 관계사절의 경우)

6. 장소나 위치, 원인이나 이유, 시간, 수단 도구, 운동 방향, 재료나 원료 등에 사용되는 전치사에 대해 기본적인 의미와 용법을 철저히 익혀 두어야 한다.

7. '동사+전치사', '형용사+전치사', '명사+전치사' 등과 관련된 표현을 한 덩어리로 많이 알아두자.

8. 전치사구의 종류와 의미를 한 덩어리로 가능한 한 많이 암기해야 한다.

9. 전치사를 쓰지 않는 경우 : 타동사와 목적어 사이에, 한정사+시간표시 명사 앞에, 시간부사어구 앞에, 수사+기간표시 명사 앞에 전치사가 오면 오류다.

10. '타동사+명사+전치사+명사' 표현에서 전치사를 삭제된 오류 문제가 출제되고 있다.
예 : The rich provided the poor food.(the poor와 food 사이에 전치사 with가 필요)

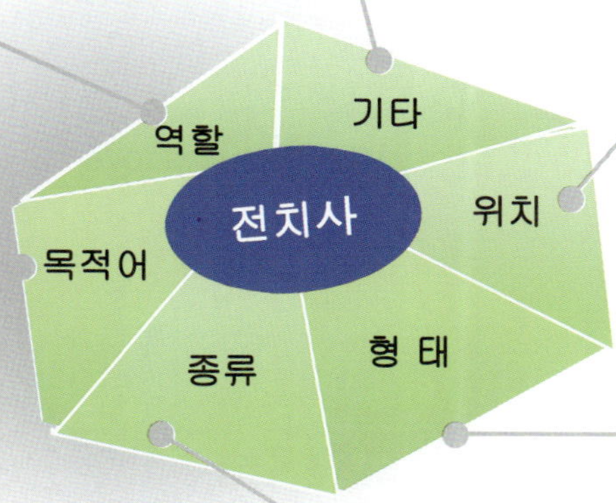

- 전치사를 쓰지 않는 경우
  -한정사 + 시간표시 명사 앞
  -시간 부사 앞
  -수사 + 기간 표시 명사 앞
- 전치사가 부사, 형용사, 접속사 등의 다른 기능을 갖는 경우가 있음

- 전치사가 목적어 앞에 위치
- 전치사가 목적어와 분리되어 위치
  -의문사가 전치사의 목적어로 쓰인 경우
  -수동태 문장의 경우
  -관계사절의 경우
  -감탄문의 경우

- 타동사: 자동사 + 전치사 형태
- 형용사(구): 명사(구)를 수식
- 부사(구): 동사, 동명사, to 부정사, 명사절 등을 수식
  전치사 + 추상명사 형태

- 전치사가 (대)명사, 동명사, 부사 구, 절 등의 목적어 쓰임.
  (형용사와 to부정사는 제한적으로 쓰임)

- 단일전치사: at, by, till, on
- 전치사구: for want of, in spite of, on account of
- 이중전치사: from under, soon after, from behind
- 분사형 전치사: concerning, regarding, including

- 장소나 위치: at, in, on, over, above, before, in front of, behind, by
- 원인이나 이유: of, from, with, through, at, for
- 운동방향: to, for, from, in, through, toward, along, across
- 시간: at, on, in, for, during, since, by, till, until
- 재료, 원료: of, from, into
- 수단, 도구: with, by, through
- 주제: about, on, of
- 직업, 직장, 소속: of, to, at
- 기타: 목적이나 결과(to), 대가와 대항(for, against), 제외(except)

●전치사의 유형

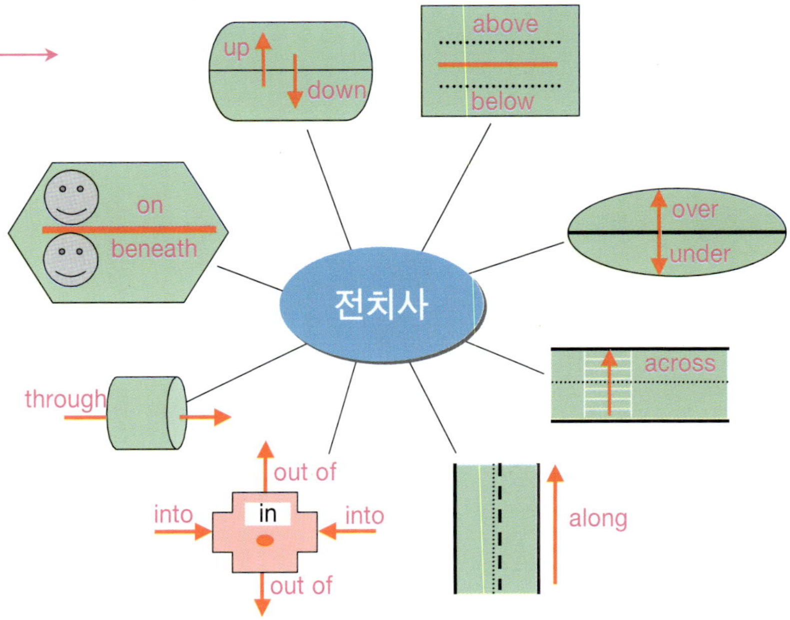

●장소나 위치를 나타내는 전치사

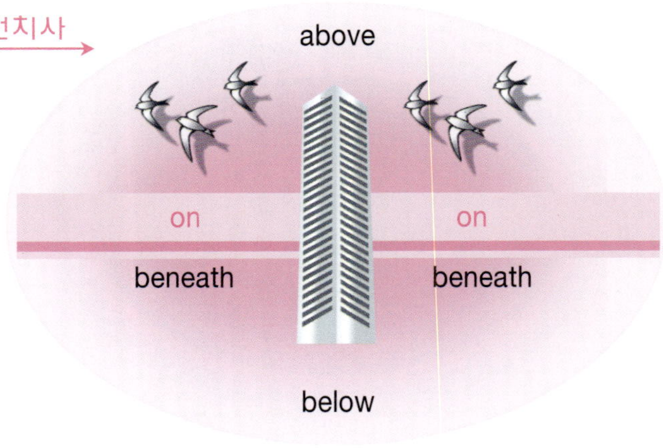

●운동방향의 전치사

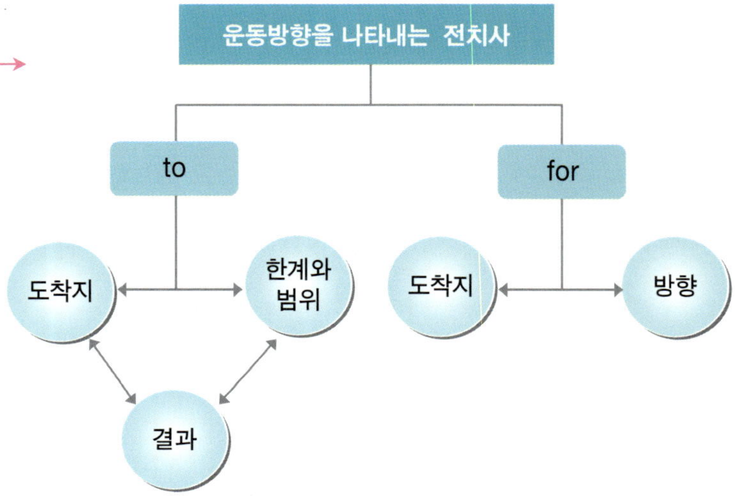

Chapter 17
문체론의 맥을 짚는 비법 10가지

1. 병치란 접속사로 연결되는 항목은 원칙적으로 같은 역할과 형태를 갖는 품사, 구 또는 절이어야 한다는 개념을 정확히 이해하고 있어야 한다.

2. 등위접속사와 등위상관접속사로 이어지는 앞뒤의 구문과 비교구문(비교급+than 또는 as~as)에서 비교되는 대상은 같은 역할/형태/품사 등으로 연결되어야 한다.
   ex) He enjoys teaching and to learn.
   → enjoy가 동명사만을 목적어로 취하는 동사이므로 to learn → learning으로 고쳐야 한다.

3. 동사와 주어, 명사와 대명사가 인칭과 수에 있어 일관성이 있는지를 확인하자.

4. 주어와 동사, 목적어와 목적보어가 태에 있어 일관성이 있는지를 확인하자.

5. 문장의 일관성 : 문장 내에 쓰인 동사가 시간을 나타내는 표현과 시제에 있어 일관성이 있는지, 주절의 동사와 종속절의 동사가 시제에 있어 일관성을 유지하고 있는지를 확인하자.

6. 문장의 간결성 : 문장에 불필요한 수식어구를 첨부해서는 안 된다.
   ex) Please repeat it again for our students.(again은 불필요하므로 삭제되어야함)

7. 주어나 목적어로 쓰인 명사(구)나 대명사를 불필요하게 중복하여 쓰면 안 된다.
   ex) I want to receive them good evaluations.(불필요한 목적어 them을 삭제)

8. 문장의 논리성 : 문장에 필요한 관사, 관계대명사, (조)동사, 접속사, 전치사, 비교구문 등을 임의적으로 생략해서는 안 된다.
   ex) In winter he arrived at the station by bicycle.(In을 생략할 수 없음)

9. 전치사구는 명사 뒤에서 수식해야 하고(명사+전치사구), 불필요한 동의어 반복 사용은 피해야 한다(possess and have, part and portion, general and usual).

10. 동사구나 to부정사 중간에 불필요하게 부사가 위치하면 안 된다.

문체론

일관성 / 논리성 / 간결성 / 병치법

일관성

- 문장이 전체적으로 수, 인칭, 태, 시제 등에 있어 일치해야 함.
- (대)명사에 밑줄이 그어져 있으면 일관성을 확인 해야 함.

논리성

- 모호한 수식어는 피해야 함.
- 전치사구는 명사 뒤에서 수식.
- 관계대명사는 선행사 뒤에 위치.
- 동사구나 to부정사 중간에 불필요하게 부사가 위치하면 안 됨.

병치법

비교되는 A와 B는 역할이나 품사에 있어 동일한 것이어야 함.

등위접속사

- A <u>등위접속사</u> B
  and, or, but, nor

등위상관접속사

- both A and B
- neither A nor B
- either A or B
- not only A but also B
- at once A and B

비교급

- 동등비교: A as +원급+ as B
- 우등비교:
  A more(~er) ~than B
  the + 비교급 A, the + 비교급 B
- 열등비교: A less ~than B

간결성

- 불필요한 수식어구 사용, 동의어 반복사용, 동일 기능 요소의 반복 사용은 피해야 함.

- 명사: use and utilization
- 동사: possess and have
- 형용사: general and usual
- 부사: greatly and extremely

- 주어나 목적어로 쓰인 명사(구)나 대명사를 연속하여 사용할 경 우 콤마가 필요함.

병 치 법

접속사의 예				A와 B가 같은 구조의 예	
	A 부분	and	B 부분		
	A 부분	or	B 부분		
	A 부분	but	B 부분	① 동사	① 동사
	A 부분	as well as	B 부분	② 명사	② 명사
both	A 부분	and	B 부분	③ 형용사	③ 형용사
neither	A 부분	nor	B 부분	④ 부사	④ 부사
either	A 부분	or	B 부분	⑤ 전치사	⑤ 전치사
not only	A 부분	but also	B 부분	⑥ 동명사	⑥ 동명사
at once	A 부분	and	B 부분	⑦ 분사	⑦ 분사
not	A 부분	but	B 부분	⑧ to부정사	⑧ to부정사
as	A 부분	as	B 부분	⑨ 구	⑨ 구
more(-er)	A 부분	than	B 부분	⑩ 절	⑩ 절
less	A 부분	than	B 부분	⑪ 학문분야	⑪ 학문분야

A부분과 B부분에 문법적으로 동일한 역할과 같은 품사가 위치해야 한다.

> Tom is a poet, philosopher, and he teacher.(×)
> →Tom is a poet, philosopher and teacher.(○)
> 톰은 시인이자 철학자이며 선생님이다.

and 앞부분에는 명사나 명사구가 왔는데 뒷부분에는 불필요한 'he'가 위치하고 있어 비문이 된다. 그러므로 이 문장에서 'he'는 삭제되어야 한다.

> I want to go to school either by bus or by bicycle.
> =I want either to go to school by bus or to go to school by bicycle.
> =I want to go to school by either bus or bicycle.
> 나는 버스 또는 자전거로 학교에 가기를 원한다.

Chapter 18

특수구문의 맥을 짚는 비법 10가지

1. 정답을 쉽게 찾을 수 없는 문제의 경우, 문체론이나 특수구문과 연관하여 문제를 풀려고 해라.

2. 영어 문장에서 강조 방식은 다양하므로 품사별로 강조 용법을 알아야 한다.
   → It ~that 강조구문 : 주어, 목적어, 보어, 부사(구) 등을 강조
   → do를 사용 : 동사를 강조(평서문, 조건문, 명령문)
   → 강조어를 사용 : 형용사와 부사의 비교급과 최상급을 강조(much, far, by far)

3. 정치구문은 '주어+동사'이지만, 도치구문은 '(조)동사+주어'의 형태를 말한다.
   → 도치구문은 구문상(의문문, 조건문, 가정문) 필요한 경우와 강조를 하기 위해 도치구문을 쓰는 경우가 있다.

4. 어떤 특정한 말(보어)을 강조하기 위해 문두에 위치시키는 경우 도치구문을 써야한다.
   → 보어가 될 수 있는 요소 : 명사(구) 형용사, 분사, 분사구, 전치사구

5. 조건문이나 가정문에서 if가 생략되는 경우 도치구문을 써야한다.

6. 부정어구(seldom, never, no sooner~than)가 문두에 위치하는 경우 도치구문을 쓴다.

7. 동격은 생략이 가능해야 하며, 동사의 단수/복수에 영향을 주지 않는다.
   → 어떤 명사(구)를 부연 설명하기 위해 동격을 사용한 경우 콤마가 있는지를 확인한다.

8. 문맥에 자주 삽입되는 삽입어, 삽입구, 삽입절에 관한 표현을 알아두자.

9. 사물이 주어로 쓰인 문장은 목적어를 주어처럼 해석하고, 주어는 부사구로 해석한다.

10. 주어(사물)+동사(enable, force, compel, oblige)+목적어+to V
    주어(사물)+동사(prevent, prohibit, hinder)+목적어+from V~ing

특수구문

- 사물이 문장의 주어로 쓰인 문장
- 목적어를 주어처럼 해석하고 주어는 부사구로 해석해야 함

예: The snow forced us to put off our departure.

- 의미 : 문맥에 상관없이 부가적으로 어떤 단어, 구, 절 등을 문장 중간에 삽입하는 것
- 종류 : 삽입어, 삽입구, 삽입절

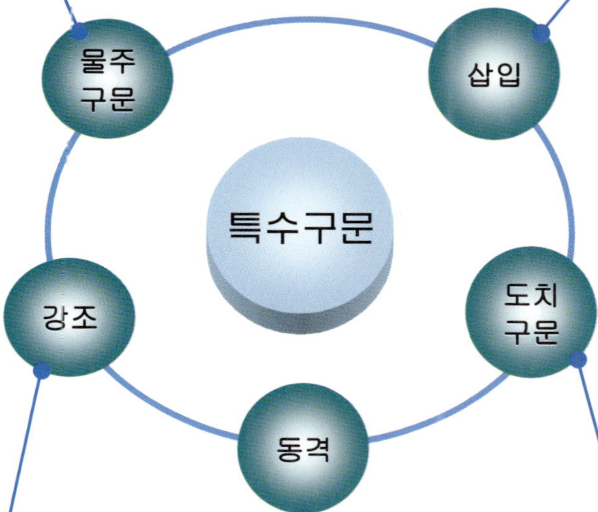

*강조를 하기 위한 여러 가지 유형
- it ~that이나 what를 사용
- 강조하고자 하는 부분을 문두나 문미에 위치시키는 경우
- 조동사 do를 첨가하는 경우
- 강조어를 사용
- 재귀대명사를 사용
- 수사의문문을 사용
- 비교구문을 사용
- 문장의 일부요소를 반복 사용
- 억양을 사용

- 구문상 필요한 도치구문 : 의문문, 기원문, 조건문이나 가정문(if가 생략된 경우), 비교문(선택적)
- 강조를 하기 위한 도치구문 : 독자의 관심을 끌기 위해 어떤 단어나 구를 문두나 문미에 놓거나 외치시키는 경우

- 의미 : 어떤 명사(구)를 부연 설명하거나 바꾸어 말하는 명사상당어구
- 특성 : 동격의 요소는 그것이 설명하고자 하는 명사(구) 앞이나 뒤에 위치(동격은 문장 내에서 형용사절이 축약된 하나의 형태
- 종류: 완전동격, 불완전동격, 제한적동격

Chapter 19
일치, 화법, 어순의 맥을 짚는 비법 10가지

1. 주어와 술어동사의 수, 성, 시제, 태 등의 일치를 확인한다.
   → 주어가 3인칭 단수이고 현재시제일 경우 -(e)s를 붙여야 한다.
   → 단수 주어 뒤에는 단수 동사를, 복수 주어 뒤에는 복수 동사를 써야한다.

2. 집합명사가 단위로 사용되면 단수취급을, 집합명사가 구성원을 가리키면 복수취급을 한다.

3. 상관접속사나 등위상관접속사와 관련된 수의 일치 문제
   → both A and B, either A or B, not only A but also B : 동사는 B와 일치함
   → A as well as B, A with B(A, like B) : 동사는 A와 일치함

4. 시간, 거리, 가격, 중량 등이 하나의 단위로 취급되는 경우에는 단수취급을 한다.

5. 항상 단수명사와 결합하는 수량형용사(한정사), 항상 복수명사와 결합하는 수량형용사(한정사)가 있다. 부분을 나타내는 표현이 주어로 쓰인 경우, of+단수명사 → 단수취급, of+복수명사 → 복수취급 해야 한다.

6. 명사와 대명사의 수와 성의 일치를 확인한다.

7. 선행사와 관계대명사의 일치를 확인한다.
   → 선행사가 사물(which, that), 선행사가 사람(who, that), 선행사가 없는 경우(what)
   → 선행사(명사/대명사)와 관계사절 속의 동사의 수와 인칭의 일치문제

8. 명령문의 직접화법을 간접화법으로 전환하는 경우
   → 긍정명령문 : 전달동사(tell, ask, beg, order, command)+목적어+to V
   → 부정 명령문 : 전달동사(tell, advise)+목적어+not to, 또는 forbid+목적어+to V

9. neither, nor, so, such 등이 문두에 위치하는 경우와 관련된 어순문제를 익혀야 한다.

10. '부정어+준동사'(동명사, 분사, to부정사), '부사+분사', '의문사+주어+동사', '의문사(주어로 쓰인 경우)+동사', '조동사+부정어', '수사+형용사+명사' 등의 어순을 꼭 알아야 한다.

일치, 화법, 어순

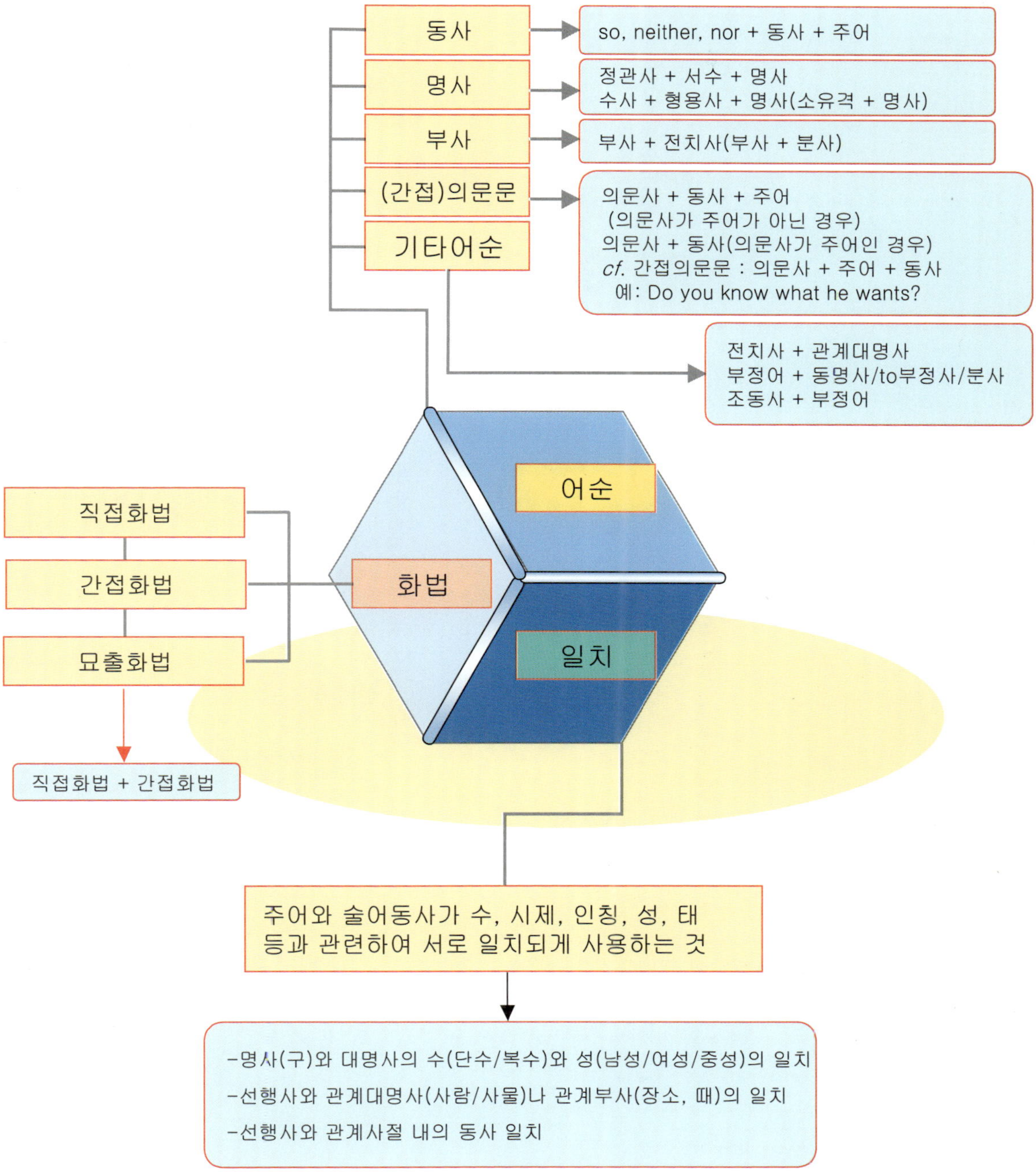
동사
so, neither, nor + 동사 + 주어
명사
정관사 + 서수 + 명사
수사 + 형용사 + 명사(소유격 + 명사)
부사
부사 + 전치사(부사 + 분사)
(간접)의문문
의문사 + 동사 + 주어
(의문사가 주어가 아닌 경우)
의문사 + 동사(의문사가 주어인 경우)
cf. 간접의문문 : 의문사 + 주어 + 동사
예: Do you know what he wants?
기타어순
전치사 + 관계대명사
부정어 + 동명사/to부정사/분사
조동사 + 부정어
어순
화법
일치
직접화법
간접화법
묘출화법
직접화법 + 간접화법
주어와 술어동사가 수, 시제, 인칭, 성, 태
등과 관련하여 서로 일치되게 사용하는 것
-명사(구)와 대명사의 수(단수/복수)와 성(남성/여성/중성)의 일치
-선행사와 관계대명사(사람/사물)나 관계부사(장소, 때)의 일치
-선행사와 관계사절 내의 동사 일치

화법

- 직접화법
- 간법화법
- 묘출화법

묘출화법

- 형식면(어순, 구두점)에서는 직접화법에 가깝고, 내용면에서는 간접화법 방식으로 전달되는 방식.

직접화법

- 화자의 입장에서 다른 사람의 말이나 생각을 그대로 전달하는 방식.
- 전달동사 다음에 콤마를 찍고, 전달되는 부분을 인용부호 (" ")로 묶어서 나타낸다.

직접화법을 간접화법으로 전환하는 방식

- 전달동사를 바꿈- 문장의 종류에 따라 전달동사가 다르다.
- 인용부호 안의 피전달부분을 접속사로 연결-문장의 종류에 따라 접속사가 다르다.
- 인칭, 지시대명사, 부사구는 전달자의 입장에서 적절히 바꾸어 준다.
- 전달동사와 피전달문의 동사는 시제일치를 시켜야 한다.
- 콤마와 인용부호를 없앤다.

간법화법

- 다른 사람이 한 말을 마치 자신이 하는 말처럼 전달하는 방식.
- 콤마와 인용부호를 쓰지 않고 접속사 (that)를 사용하여 문장을 연결시키다.

전달동사

전달부

▶ 전달동사와 그것의 주어 부분을 가리킴.

피전달부

▶ 직접화법에서 인용부호(" ")로 전달되는 부분을 가리킴.

Chapter 20

부정구문, 생략구문, 대용, 구두법의 맥을 짚는 비법 10가지

1. 부정사가 없는 의미상의 부정과 관련된 관용적인 표현을 철저히 알아야 한다.
2. 준부정(부정에 준하는 표현) : little, few, seldom, scarcely, hardly, rarely, lest ~should 등은 부정에 가까운 뜻을 가지고 있어 다른 부정어(not, no, never)와 함께 쓰이지 않는다.
3. 이중부정(한 문장에 부정어가 두 개 포함된 문장)은 주의를 요한다.
   →not(never) ~ without : ~하면 반드시 ~하다
   →neither A nor B : A도 아니고 B도 아니다(neither나 nor만 사용될 경우 도치구문)
4. 부정어 다음에 오는 but, but that
   but은 유사관계대명사로서 'that ~not'의 의미이며, that절 속에 다른 부정어를 함께 사용할 수 없다.
5. 생략구문은 생략된 부분을 찾아낼 수 있어야 하고, 두 문장이 서로 연관성을 맺고 있는 경우에만 가능하다.
6. 부사절에서 주어+be동사가 생략될 수 있다는 것을 알고 있어야 한다.
   →생략될 수 있는 다른 요소 : 주어, 동사, 동사+형용사, 부정사, 관계대명사
7. 관용적인 생략구문은 자주 사용되고, 시험에도 출제되고 있으므로 정확히 알아야 한다.
8. 대용에 대한 이해 : 조동사(do)가 동사를 대용, 대명사(it, them, this, that)나 one이 명사(구)를 대용, so가 형용사나 절을 대용, to가 to부정사를 대용한다는 것을 알고 있어야 한다.
9. 부사절을 이끄는 접속사가 문장의 처음에 위치할 경우 반드시 콤마(,)를 써야 한다.
10. 콜론(:), 대시(—), 세미콜론(;)의 용법을 익혀두면 문장을 해석하고, 단어의 의미를 추측하는데 큰 도움이 된다.

부정구문, 생략구문, 대용, 구두법

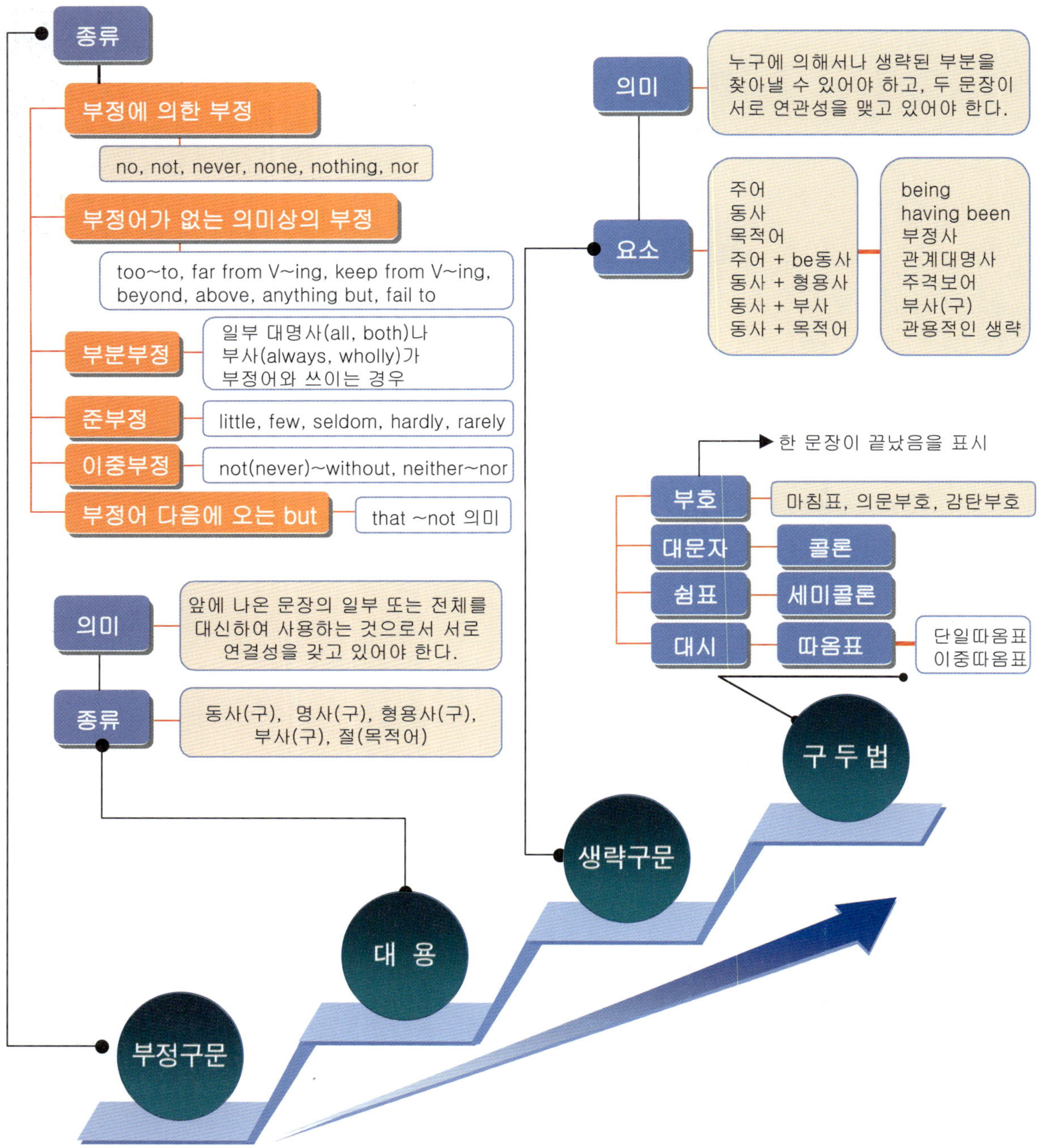

동사형-명사형(사물/사람)-형용사형-부사형 (시험에 자주 나오는 단어들 모음)

동 사	명 사(사물/사람)		형용사	부 사
	사물(분야)	분야사람		
appropriate : 착복하다 어떤 목적을 충당하다	appropriation : 착복, 전유, 예산 (금액), 할당	appropriator : 도용자, 전용자	appropriate : 적당한, 특유한 appropriative : 사유의, 도용의	appropriately : 적당히, 상당하게
present : 증정하다 ~을 제출하다	presence : 존재, 출석 present : 선물	presenter : 추천인, 제출자	present : 출석한 presentable : 외모가 좋은, 예의바른, 소개할 수 있는	presentably : 예의바르게 교양있게
necessitate : ~을 필요로 하다	necessity : 필연성, 궁핍	necessitarian : 숙명론자	necessary : 필요한, 강제적인, 필수의	necessarily : 반드시, 필연적으로
democratize : 민주화하다 민주적으로 하다	democracy : 민주정치 democratization : 민주화 democratism : 민주주의	democrat : 민주주의자	democratic : 민주적인, 서민적인	democratically : 민주적으로, 서민적으로
decide : 결정하다	decision : 결정, 결심, 판례, 판정승	decider : 결정자, 결재자, 결승경기	decisive : 결정적인, 확고한	decisively : 결정적으로
beautify : 아름답게 하다 아름다워지다	beauty : 미 beautification : 미화, 장식	beautician : 미용사 beautifier : 아름답게 하는 사람(것) * 화장품	beautiful : 아름다운, 훌륭한, 더할 나위 없는	beautifully : 아름답게, 훌륭히, 더할 나위 없게
prohibit : 금지하다	prohibition : 금지	prohibiter/or : 금지자	prohibitive : 금지의, 엄청나게 비싼	prohibitively : 엄두를 못 낼만큼
originate : 시작하다 근원이 되다 창설하다	origin : 기원, 태생 originality : 독창성, 참신성 origination : 창작, 발명 original : 원문	originator : 창설자, 발기인	original : 최초의, 원본의 originative : 발명의 재능이 있는	originally : 원래, 최초부터
create : 창조하다	creation : 창조, 창조물 creature : 생물, 산물	creator : 창조자, 고안자, 신	creative : 창조(독창)적인	creatively : 독창적으로
verbalize : 언어화하다 말로 나타내다	verbality : 말이 많음, 말에 의한 표현	verbalizer : 말이 많은 사람 verbalismist : 언어 사용의 숙달자	verbal : 말에 관한, 구두의, 말뿐인	verbally : 말로, 축어적으로
glorify : 찬미하다	glory : 영광, 영화, 칭찬, 큰 기쁨, 천국 glorification : 칭송	glorifier : 찬미자, 칭송자	glorious : 화려한, 영광스러운	gloriously : 화려하게
mystify : 신비화하다, 어리둥절하게 하다	mystery : 신비, 애매 mystification : 신비화 mysticism : 신비주의	mystic : 신비주의자 (神秘主義者)	mysterious : 원인 불명의 mystical : 비법의, 신비적인	mysteriously : 신비스럽게, 이상하게
contend : 경쟁/주장하다	contention : 경쟁, 논쟁, 싸움, 논전	contender : 경쟁자, 주창자	contending : 경쟁하는, 주장하는	contendingly : 경쟁적으로
equalize/equal : 평준화하다	equality : 한결같은, 평등, 대등	equalizer : 평등하게 하는 사람	equal : 동등한, 평등한	equally : 동등하게, 균등하게

동사형-명사형(사물/사람)-형용사형-부사형 (시험에 자주 나오는 단어들 모음)

동사형	명사형(사물)	명사형(사람)	형용사형	부사형
generalize : 일반화하다	generality : 일반성 generalization : 일반화	generalizer : 일반화시키는 사람	general : 일반적인, 총괄적인	generally : 일반적으로
simplify : 단순화하다	simplicity : 간단, 순진 simplification : 간소화	simplifier : 단순화시키는 사람	simple : 단일의, 단순한, 검소한	simply : 솔직히, 단순히, 평이하게
restrain : 억제하다	restraint : 억제, 구속, 근신	restrainer : 제지자, 억제자	restrained : 억제하는	restrainedly : 억제적으로
enthuse : 열광/열중하다	enthusiasm : 열광	enthusiast : 열광자	enthusiastical : 열성적인, 열렬한	enthusiastically : 열성적으로, 열심히
purify : 정화/깨끗이 하다	purity : 청결, 순결, 순도, 청렴(결백)	purifier : 정화하는 사람	pure : 순수한, 청결한, 순종의	purely : 순수하게 순결하게, 아주
familiarize : 친하게 하다 ~에게 잘 알리다	familiarity : 친밀 familiarization : 일반(통속)화	familiar : 친구, (어떤 일에) 정통한 사람	familiar : 친밀한, 정통한, 잘 알려진, 가족의	familiarly : 정답게, 친숙하게
nationalize : 국영으로 하다	nation : 국가, 국민, 민족(종족)	nationalist : 민족자결주의자	national : 국가의, 국민의, 공공의	nationally : 국가적으로 전국적으로
credit : 신용하다 ~에게 학점을 주다	credit : 학점, 채권, 신용, 명예 credibility : 신뢰성, 위신	creditor : 채권자	credible : 신뢰할 수 있는 creditable : 평판이 좋은	creditably : 훌륭히, 썩 잘
politicize : 정치화하다	politics : 정치학, 정치, 정치운동, 관리	politician : 정치가, 책사	political : 정치적인, 정당의	politically : 정치적으로
produce : 생산/산출하다 제시하다 연출하다	production : 생산 produce : 농산물 product : 결과 products : 생산품, 제작물	producer : 생산자, 제작자, 연출자	productive : 생산적인, 다산의, 풍요한	productively : 생산적으로, 풍요롭게
commemorate : 기념하다, 축하하다	commemoration : 축하, 기념식, 축전	commemorator : 기념식의 참가자	commemorative : 기념하는	commemoratively : 기념하는 것으로
apply : 적용하다 정력을 쏟다 표면에 붙이다	application : 적용, 응용, 신청, 지원 applicability : 적용성, 응용성	applicant : 신청자, 응모자, 지원자	applicable : 적용할 수 있는 applicative : 응용적인 applicatory : 실용적인 applied : 응용된	applicably : 적절히 applicatively : 실용적으로, 응용적으로
criticize : 비판하다	criticism : 비평, 비난, 감상력, 원문비판	critic : 비평가	critical : 평론의, 비판적인, 위기의	critically : 비판적으로, 위급하게
economize : 경제적으로 쓰다 시간, 돈 등을 사용하다	economy : 경제 economics : 경제학	economist : 경제전문가 economizer : 절약가(節約家)	economical : 절약하는 economic : 경제의	economically : 경제적으로, 경제적 견지에서
finalize : 완성하다, 끝내다	finale; 최후의 막, 끝악장(종곡), 피날레 final : 결승전, 학기말시험	finalist : 결승전 출장 선수 (哲)목적원인론자	final : 결정적인, 최종의, 최후의	finally : 결국, 최종적으로, 최후의
interpret : 해석/통역하다	interpretation : 해석, 판단, 통역, 연출, 연기	interpreter : 해설자, 통역관	interpretative/tive : 설명을 위한	interpretively : 설명적으로
invent : 발명하다	invention : 발명, 발명품	inventer(or) : 발명가	inventive : 발명의, 창의력이 풍부한	inventively : 창의적으로

동사형-명사형(사물/사람)-형용사형-부사형 (시험에 자주 나오는 단어들 모음)

compete : 경쟁하다	competition : 경쟁, 시합 competence : 적성, 능력, 자격	competitor : 경쟁자(=rival) competition : 시합, (집합적) 경쟁자	competitive : 경쟁적인 competent : 적임의, 유능한, 정당한	competitively : 경쟁적으로, 경쟁하여
vary : 바꾸다 벗어나다 ~에 변화를 주다	variety : 변화, 다양성 variability : 변화성 variation : 변화, 변이 variance : 통계학(분산)	* variable : 변수, 변하기 쉬운 것	various : 다양한 variable : 변화하기 쉬운, 변덕스러운 varied : 다채로운	variously : 다양하게 variably : 변덕스럽게, 일정치 않게
succeed : 성공하다, 상속하다	success : 성공 succession : 연속, 계승	successor : 상속(계승)자 success : 성공한 사람	successful : 성공적인 successive : 잇따른	successfully : 성공적으로, 훌륭하게 successively : 연속적으로
mythicize : 신화화하다	myth : 신화 mythicism : 신화적 해석	mythicist : 신비주의자	mythical : 가공의, 신화적인	mythically : 신화적으로
mythologize : 신화에 관해 쓰다	mythology : 신화집	mythologist : 신화학자(작가)	mythological : 신화학의, 가공의	mythologically : 신화학적으로
continue : 계속/이월하다	continuation : 연속, 지속 continuity : 연속성	continuator/er : 계승자, 인계자	continuous : 연속적인, 부단한	continuously : 연속적으로
comply : 동의/승낙하다	compliance/cy : 승낙, 추종, 맹종	complier : 승낙자	compliant : 고분고분한	compliantly : 고분고분하게
manage : 처리/관리하다	management : 처리 취급, 경영, 술책	manager : 관리자, 간사, 지배인	managerial : 관리의, 단속의	managerially : 관리상으로
mechanize : 기계적으로 하다	mechanism : 기계, 장치, 구조, 기법(예술)	mechanic : 기계공, 정비사	mechanical : 기계적인, 역학의	mechanically : 기계적으로
repeat : 반복/되풀이 하다	repetition : 반복, 복사, 암송	repeater : 암송자, 상습범, 낙제생	repetitious : 반복/되풀이하는	repetitiously : 반복적으로
theorize : 이론을 세우다	theory : 이론, 학설, 법칙, 추측	theoretician/rist : 이론가	theoretical : 이론적인	theoretically : 이론적으로
identify : ~과 동일시하다 일체감을 갖다	identity : 주체성, 정체성 identification : 신원의 확인, 일체화, 신분증	identifier : 동일시 하는 사람(것)	identical : 동일한, 일란성의	identically : 동일하게, 같게
involve : 포함하다, 감싸다	involvement : 관련, 포함, 연좌	involver : 관련자, 연루자	involved : 포함된, 복잡한	involvedly : 관련하여
rely : 의존하다, 믿다	reliance : 믿음, 신뢰	relier : 신뢰자	reliable : 신뢰할 수 있는	reliably : 신뢰성 있게
attend : ~에 출석하다 시중들다, 보살피다	attendance : 출석(자), 참석(자), 시중	attendant : 시중드는 사람, 참석자 attendance : 출석자	attendant : 수행의, 출석한	attendantly : 출석하여
vitalize : 활력을 불어넣다 생명을 주다	vitality : 생명력 vitalism : 활력론 vitalization : 활력화	vitalismist : 활력론자	vital : 생명의, 중요한, 생생한	vitally : 진실로, 극히 중대하게
approve : 승인/허가하다	approval : 승인, 허가, 면허	approver : 승인자, 시인자	approvable : 인가/찬성할 수 있는	approvably : 허가하여
appraise : 평가/감정하다	appraisal : 평가, 감정, 견적, 견적 가격	appraiser : 사정관, 감정평가사	appraisable : 평가할 수 있는	appraisably : 평가적으로, 상당히

동사형-명사형(사물/사람)-형용사형-부사형 (시험에 자주 나오는 단어들 모음)

동사형	명사형(사물)	명사형(사람)	형용사형	부사형
generate : 발생시키다	generation : 세대, 발생, (감정 따위의) 유발/초래 genetics : 유전학	geneticist : 유전학자	genetical : 유전적인 generative : 생식력있는	genetically : 유전학적으로
prefer : ~을 더 선호하다, 등용하다	preference : 좋아함, 편애, 우선권 preferment : 승진, 발탁	preferrer : 선택자, 제출자	preferable : 차라리 나은 preferential : 우선의, 특혜인	preferably : 차라리, 되도록이면
magic : 마술을 부리다	magic : 마술, 기술, 요법	magician : 마법사, 기술사	magical : 이상한, 매혹적인	magically : 매혹적으로
diagnose : 진단하다	diagnosis : 진단, 식별, 원인분석	diagnostician : 진단자	diagnostic : 진단의	diagnostically : 진단에 의해
contribute : 기부/공헌하다	contribution : 공헌, 기여, 기부(금), 투고	contributor : 기부자, 기고가 contributory : 출자 의무자	contributive : 기여하는, ~에 이바지하는	contributively : 기여적으로
commercialize : 상업화하다	commercialism : 상업주의 commercialization : 상업화 commercial : 광고방송	commercialismist : 상업가	commercial : 상업의, 민간방송의, 광고상의	commercially : 상업적으로
reside : 거주하다	residence : 거주, 주거, 주택	resident : 거주자, 주민	resident : 거주하는, 전임의 residential : 주택에 알맞은	residentially : 주택에 알맞게
occidentalize : 서양식으로 하다 서구화하다	occidentalism : 서양풍, 서양문화/정신 occident : 서양, 서양문명	occidentalismist : 서양문화애호가	occidental : 서양의. 서양인의	occidentally : 서양적으로
condemn : 비난하다 운명지우다 유죄를 선고하다	condemnation : 비난, 유죄판결, 폐기, 몰수 선고	condemner : 선고자, 비난자 폐기/처분 결정자	condemnatory : 유죄선고의 condemnable : 비난의, 폐기할	condemnably : 힐난하게
qualify : 제한하다, ~에게 자격을 주다	qualification : 자격, 권한, 조건, 자격증명서	qualifier : 한정사, 자격을 주는 사람, 예선통과자	qualified : 자격있는, 제한된 qualificatory : 자격을 주는	qualifiedly : 적절히, 조건부로, 제한적으로
sympathize 동정/일치하다	sympathy : 동정, 호의, 일치, 교감	sympathizer : 동조자, 인정있는 사람	sympathetic : 동정적인	sympathetically : 동정하여

동사형-명사형(사물/사람)-형용사형 (시험에 자주 나오는 단어들 모음)

동 사	명 사(사물/사람)		형용사
	사물(분야)	분야사람	
accompany : ~와 동반하다, 반주하다	accompaniment : 부수물, 반주	accompanist : 동반자, 반주자	accompanying : 동일한, 수반하는
advise : ~에게 충고하다, 알리다	advice : 충고, 조언, 통지(pl)	adviser(or) : 조언자, 충고자, 고문	advisory : 권고의 n. 상황(기상)보고
crime : 군기 위반죄로 고발하다.	crime : 범죄, 법률 위반, 죄악	criminal : 범죄자	criminal : 범죄의, 형사상의
graduate : 졸업하다, 자격을 따다	graduation : 졸업. 학위취득, 등급별	graduate : 졸업생 graduator : 각도기	graduate : 학사학위를 받은, 대학원의 graduated : 등급이 있는
immigrate : 이민을 오다, 이주하다 ↔emigrate : 이민을 가다	immigration : 이주, 이민	immigrate : 이주자	immigrate : 이주하는
inhabit : ~에 거주하다, 서식하다 ~에 존재하다. 깃들이다	inhabitation : 거주, 주소 inhabitancy : (특정 기간의)거주, 주소	inhabitant : 거주자, 주민	inhabited : 사람이 살고 있는 inhabitable : 살기에 알맞은
inspect : 점검하다, 시찰/견학하다	inspection : 검사, 점검, 시찰, 견학	inspector : 검열관, 장학사, 경감	inspectional : 검사하는, 시찰하는
maintain : 유지/주장/옹호하다	maintenance : 유지, 보존, 주장, 정비	maintainer : 부양하는 사람 maintenance man : 정비공	maintainable : 지속할 수 있는, 부양할 수 있는
register : 등록/기입하다, 나타내다	registration : 등록, 기재사항, 등록자 수, 등기(우편물) register : 등록부, 자동기록기	registrant : 등록자, 기록자	registrational : 등록의, 기록의
superintend : 감독/지휘하다, 지배하다	superintendency : 감독자의 지위 superintendence : 감독, 지배, 관리	superintendent : 감독자, 원장, 소장	superintendent : 감독/지휘하는
Japanize : 일본식으로 하다	Japanese : 일본말 Japanism : 일본주의, 일본적 기풍 Japanology : 일본학	Japanese : 일본인	Japanese : 일본의, 일본인의
edit : ~을 편집/교정/삭제하다	edition : 간행, 서적의 판 edit : 편집, 논설, 사설	editor : 편집자	editable : 편집할 수 있는
popularize : 대중화하다, 보급시키다	popularizer : 대중화시키는 사람	popularization : 대중화 popularity : 인기, 대중성	popular : 인기있는, 민중의, 유행의
intend : ~할 작정이다, 의도하다	intender : 계획자, 입안자	intention : 의도, 의향, 의미, 개념	intended : 의도된, 고의의. 예정된
obey : ~에 복종/순종하다	obeyer : 순종하는 사람	obedience : 복종, 순종	obedient : 순종하는, 복종하는
capitalize : 대문자로 쓰다, ~에 투자하다, ~을 이용하다	capitalization : 주식자본, 자본평가, 대문자 사용 capitalism : 자본주의 capital : 수도, 자본, 원금	capitalist : 자본가, 자본주의자	capital : 주요한, 우수한, 원금의, 원래의, 치명적인 capitalistic : 자본주의
electrify : ~에 전기를 통하다, 흥분시키다	electricity : 전기, 강한 흥분 electric : 전기(자동)차	electrician : 전기학자, 전기 기사	electric : 전기의, 자극적인 electrical : 전기의

중요한 명사형(사물/사람)의 접미사 규칙 (시험에 자주 나오는 단어들 정리)

명사형을 나타내는 접미사 유형

사물을 나타내는 명사형		사람을 나타내는 명사형	
접미사	예	접미사	예
-dom	wisdom(지혜), freedom(자유)	-ee	employee(종업원), adoptee(양자), sickee(병자), enrollee(입학자), refugee(난민), absentee(부재자)
-ity	ability(능력), activity(활동, 경기), creativity(창조성), integrity(완전함, 성실, 청렴), fertility(비옥, 풍부함), authority(권위, 권위자), electricity(전기), gratuity(봉사료)	-ic	critic(비평가), comic(희극배우), mechanic(기능공, 정비사)
-ery	recovery(회복, 쾌유), machinery(기계류, 작품의 구성)	-al	professional(전문가), criminal(범죄자)
-ation	mystification(신비화)	-tary	dignitary(고위인사, 고관), mandatary(수임자, 대리인)
-ism	pessimism(염세관)	-ese	Chinese(중국인), Japanese(일본인)
-meter	barometer(기압계), kilometer(킬로미터), thermometer(온도계), diameter(직경)	-man	trainman(열차 승무원), doorman(문지기)
-ness	logicalness(논리성), happiness(행복)	-er	producer(생산자, 연출가), potter(도공), murderer(살인자), interpreter(통역관, 해설자), plumber(배관공)
-pathy	sympathy(동정), antipathy(반감), apathy(냉담, 무감동)	-eer	engineer(기술자), pioneer(개척자), volunteer(지원자)
-ship	friendship(우정), scholarship(학식, 장학금)	-ian	academician(학회의 회원, 학구적인 사람) theoretician(이론가), diagnostician(진단자), comedian(희극배우), vegetarian(채식가) musician(음악가), technician(기술자), custodian(관리인), politician(정치가), dietician(영양사), guardian(관리인, 보호자), electrician(전기 기사), magician(마술사), librarian(사서 : 司書), pedestrian(보행자)
-ment	contentment(만족) employment(고용, 일) reimbursement(변제, 상환)		
-logy	immunology(면역학), pharmacology(약리학), psychology(심리학), archaeology(고고학), eschatology(종말론), astrology(점성학), biology(생물학), zoology(동물학), geology(지질학), technology(응용과학, 공예)	-ist	pharmacologist(약리학자), artist(예술가) immunologist(면역학자), scientist(과학자), eschatologist(종말론자), logicalist(논리학자), psychologist(심리학자), biologist(생물학자), panelist(토론자), geneticist(유전학자), archaeologist(고고학자), motorist(자동차 운전자) psychiatrist(정신과 의사), colonist(식민지 개척자)
-tion	interpretation(해설, 통역) specification(설명서, 설계서), contention(주장), rehabilitation(복직, 명예회복, 부흥)	-or	negotiator(협상자, 어음양도인), sailor(선원), competitor(경쟁자), actor(배우, 관계자), doctor(의사), bachelor(학사, 홀아비), author(저자, 창조자), auditor(회계감사관, 방청자), janitor(수위, 관리인), cultivator(경작자), mediator(조정자, 중개인)